中医药文化与健康

第五册

总主编 许二平

本册主编 李成文

本册执行主编 赵迪克 赵培源

河南大学出版社
HENAN UNIVERSITY PRESS

图书在版编目（CIP）数据

中医药文化与健康. 第五册 / 许二平主编. —— 郑州：河南大学出版社, 2022.8
ISBN 978-7-5649-5306-5

Ⅰ.①中… Ⅱ.①许… Ⅲ.①中国医药学－文化－普及读物 Ⅳ.①R2-05

中国版本图书馆CIP数据核字（2022）第156442号

策划编辑	程新晓		
责任编辑	赵海霞	责任校对	张玉梅
责任印制	陈建恩	封面设计	李雪莹

出　版	河南大学出版社		
	地址：郑州市郑东新区商务外环中华大厦2401号	邮编：450046	
	电话：0371-22864493（基础教育与学前教育分公司）	网址：hupress.henu.edu.cn	
排　版	河南君策广告设计有限公司		
印　刷	河南美轩印务有限公司		
版　次	2022年8月第1版	印　次	2022年8月第1次印刷
开　本	787 mm×1092 mm　1/16	印　张	6.25
字　数	94千字	定　价	25.00元

（本书如有印装质量问题，请与当地销售部门联系调换。本书在编写过程中，参考引用了一些资料，取得了原作者的大力支持，在此谨表感谢，但因一些作者的地址不详，我们无法取得联系。敬请各位作者与我们联系，以便做出妥善处理。）

编委会

总 主 编　许二平

主　　审　许敬生　韦大文

执行主编　王　琳　许敬生　徐江雁　贾成祥　李成文
　　　　　苗明三　李东阳

编　　委（按姓氏笔画为序）

　　　　　王　琳　王　辉　王剑锋　韦大文　方晓艳
　　　　　尹笑丹　朱红庆　刘文礼　许二平　许敬生
　　　　　李东阳　李成文　李青雅　张　楠　张晓艳
　　　　　张婷婷　苗明三　范　敬　赵迪克　赵培源
　　　　　胡研萍　贾成祥　徐江雁　常征辉　彭　新

第一单元　中医历史 01

第1课　　医之始祖——《黄帝内经》 03

第2课　　指导临床实践的经典——《伤寒论》 10

第3课　　保证用药安全的国家药典 14

第4课　　古代的太医院 19

第二单元　文学名著里的中医药文化 25

第5课　　《三国演义》里的中医药文化 26

第6课　　《红楼梦》里的中医药文化 30

第7课　　《水浒传》里的中医药文化 36

第8课　　《西游记》里的中医药文化 41

第三单元　运动与健康　　47

第9课　　仿生体操——五禽戏　　48

第10课　　陈氏太极拳　　53

第11课　　八段锦　　59

第12课　　易筋经　　67

第四单元　情绪与健康　　75

第13课　　范进中举喜极而狂　　76

第14课　　周瑜因气英年早逝　　81

第15课　　多愁善感林黛玉　　86

第16课　　张子和妙用惊吓愈奇疴　　90

中医历史

第一单元

第1课　医之始祖——《黄帝内经》

《黄帝内经》（简称《内经》），是一本中医理论体系奠基之作，也是学习中医必须精读之书，更是"医家之宗"。这本书构建了中医学独特的理论体系，确立了中医学特有的思维方法，总结了经络学说和针灸治法，开启了中医药文化素养培养的先河。

《黄帝内经》

一　中医理论的基石

1. 理论体系与学术特点的独特性

（1）理论体系的独特性

①指导思想是整体观

整体观认为，人体的五脏六腑是一体的，生理上相互关联，病理上互相影响。肺和大肠，从解剖学上看它们没有联系，但生理病理上是有联系的。如：大肠排泄糟粕的功能正常与否，与肺气的宣降正常与否有关系，也就是说如果大便不正常，有可能是肺的功能出现了问题。人与环境的统一性，人与自然环境是相互联系的，比如夏天多汗少尿，冬天多尿少汗。人与社会环境是相互联系的，如果家长整天吵架，孩子的性格会受影响。

②说理工具是精气、阴阳五行

精气是本体论——讲世界及人类的来源。

阴阳五行是方法论——用于解释世界及人体生理、病理的种种现象。

③核心内容是藏象

藏象研究的就是我们人体的结构、机能的正常与异常及受环境影响如何变化的学说。

④临床特色是辨证论治

辨证论治就是通过"望、闻、问、切"四诊进行收集信息，在中医理论指导下进行分析、归纳、总结，辨出病因是什么，病位在哪里，病性是虚是实、是寒是热，疾病的发展结局是好的还是坏的这样的一个过程。比如便秘，有人一遇到便秘，就说要吃香蕉，但是便秘如果是肺的问题，吃香蕉是没有用的。而肺的问题还得区分肺虚、肺实、肺寒、肺热。

（2）学术特点的独特性

①整体地把握生命规律

眼睛视力下降，不一定是眼睛的问题。春天的时候，容易诱发肝病。

②辩证地对待生命活动

早上检查的血常规的结果和下午检查的血常规的结果不同，因为人的生命状态是动态变化的。

③从功能概括生命本质

有些人感觉身体各种不舒服，检查却什么问题都没有，好比电脑硬件没问题，但是QQ就是登录不了。

2.建立中医学特有的思维方法

《内经》谈到了意象思维和辩证思维。意象思维，比如有味中药百合，可以治疗失眠，为什么呢？因为晚上的时候它就合起来。辩证思维就上述所讲的，便秘不是都要吃香蕉，要看是哪个部位的问题引起的便秘。

百合

3.阐发总结经络学说和针灸治疗

中医学认为经络是人体生命结构的重要组成部分，因而产生了针灸治疗技术。针灸可以治病，这是实实在在的临床疗效——"学医不知经络，开口动手便错"。

4.开启了中医药文化素养培养的先河

《内经》不仅是医学著作，还涵盖了哲学、文化、天文、地理等知识，因此也是中国传统文化的重要组成部分，是开启中华文明的钥匙。历史上著名的中医名家，他们的文化素养都很深厚，大多还通晓诗词歌赋，如名医万全、张志聪、陈修园等还编写了许多脍炙人口的中医药诗歌，以供初学中医者背诵。

5.为医家临证之兵书

如果说会看病好比会打仗，那么《内经》就是《孙子兵法》。国医大师裘沛然说过，如果把《内经》的一句话搞透了，那么你这辈子就吃不完了。比如，"阳化气，阴成形"，现在看癌症，就是用这个理论指导临床的。梅雨季节为何家里容易长霉，因为阳光不够。所以人体里如果阳光照射不够，也是容易"长霉"的。

二 《内经》的成书时间与作者

《内经》学术体系的形成，以医疗实践的观察与验证为基础，又有古代自然科学、社会科学知识和方法的渗透，其中哲学发挥了综合整理、理论升华的作用。

如此神奇的一本书，是怎么形成的呢？成书何时？作者系谁？书名是什么意思？

1.《内经》的形成

用结构表现如下：

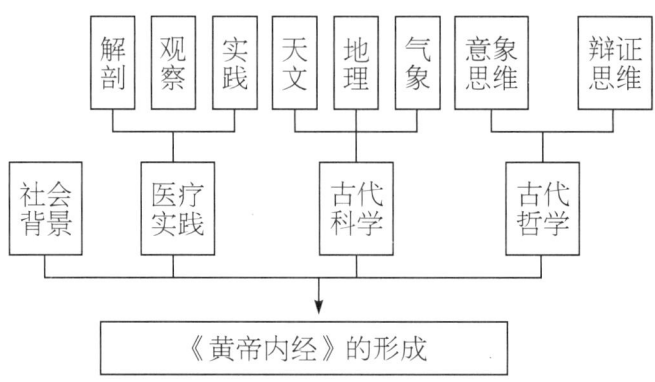

《黄帝内经》的形成

2.《内经》的成书时间

根据文献考据法，《内经》成书年代在公元前一世纪的西汉中后期。

3.《内经》的作者

作者是古代众多医家，托名黄帝。

4.《内经》的书名

"内"相对于"外"而言，类似现在的"上篇""下篇"；"经"是经典。

（1）《素问》是从天地宇宙的宏观出发，运用精气学说和阴阳五行学说，通过平素问答的形式，解释和论证天人关系及人的生命活动规律和疾病发生发展过程的陈源问本之意。

（2）《灵枢》是王冰受道教思想影响而将"针经"改为"灵枢"，蕴含着深厚的道家思想。

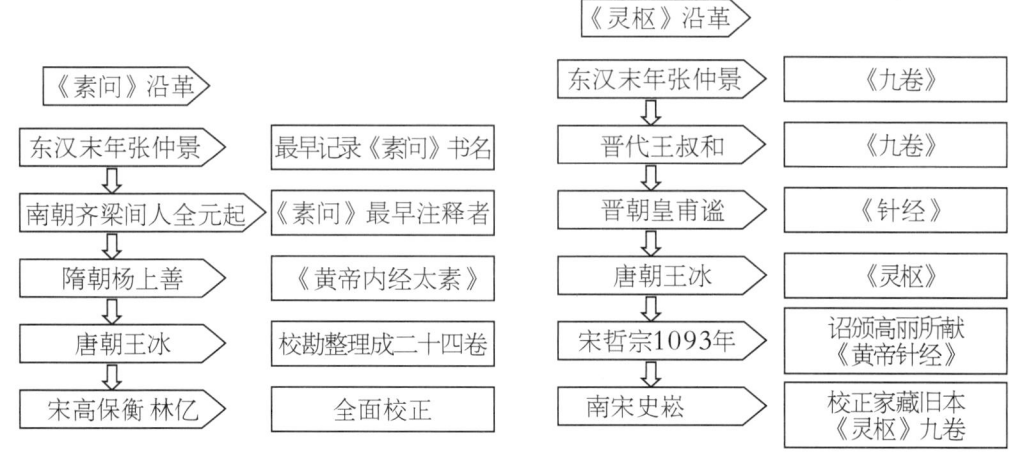

《素问》书名沿革　　　《灵枢》书名沿革

三 《内经》的内容

如此神奇的一本书，都讲些什么内容呢？

《内经》包含《素问》81篇和《灵枢》81篇，共162篇。

```
                              ┌ 生命起源
              ┌ 对生命的认识 ┤ 生命过程
              │              └ 生命要素
              │                        ┌ 直观解剖
              │                        │ 天人同构
              │              ┌ 脏腑   ┤ 脏腑功能
              │              │        │ 藏象类推
              │ 对人体藏象的认识       └ 特定部位
              │              │ 
              │              │ ┌ 物质基础
              │              └ │ 精神活动
              │                └ 经络系统
              │                        ┌ 发病观点
     ┌ 医学理论 对疾病的认识 ┤ 病机分析 ─ 病证举隅
     │        │              └ 病传预后
     │        │              ┌ 原理规范
     │        │ 对诊法的认识 ┤
     │        │              └ 诊病方法
     │        │              ┌ 治疗思想
     │        │ 对治疗的认识 ┤ 治则治法
     │        │              └ 治疗手段
     │        │              ┌ 天年寿夭
     │        │ 对摄生的认识 ┤
     │        │              └ 养生理法
     │        └ 对运气的认识
     │
     │        ┌ 哲学
     │        │ 天文历法
     │        │ 地理学
     └ 医学基础 气象学
              │ 社会学
              │ 数学
              └ 农学
```

《内经》理论体系结构表

1.《素问》多论医道

《素问》多论"医道"，进行理论的阐发，重在阴阳五行、天人相应、脏腑及其病症。

2.《灵枢》多讲医术

《灵枢》则多讲"医术"，进行技术的传授，重在形体官窍、精气神、经络腧穴及其病症、刺灸法。

在论述方法上，书中各篇多围绕一个主题从不同角度进行阐发。

另外，《素问》中凡篇名有"论"者，多采用问答形式，通过黄帝与诸位臣子之间的对答，对医学问题进行讨论，而无"论"者，则非问答形式，直接论述有关内容。《灵枢》则无此区别。其中黄帝与诸臣子的问答，分别集中地讨论了不同的医学问题，也反映了不同学派之间的差异。如黄帝与岐伯对答部分，主要讨论了医学基本理论问题；与鬼臾区的对答，主要论述了五运六气学说；与伯高的对答，主要讨论了胃肠的结构、功能及食物与治疗的配合；与少师的问对，则突出了以阴阳学说为理论核心的内容；与少俞的问对，突出论述五味的作用；与雷公的问对，则是以黄帝为师、雷公为徒的方式，进行医学知识与理论原则的传授。

四 对后世的影响

由于《内经》构建了中医学理论体系的基本框架，为后世中医学术的发展奠定了基础，后世许多医家对其进行了深入的专题研究。据统计，注解《内经》的医家有200多人，注本有400多部。代表作有《素问集注》《素问注证发微》《素问吴注》《素问悬解》《灵枢集注》《灵枢注证发微》《灵枢悬解》《类经》《内经知要》《医经读》等。著名医家刘完素、李杲、朱震亨等在研究《内经》基础上提出火热论、脾胃论、阳有余阴不足论，促进了中医临床医学的发展与进步。

延伸阅读

岐伯曰：女子七岁，肾气盛，齿更发长。二七而天癸至，任脉通，太冲脉盛，月事以时下，故有子。三七，肾气平均，故真牙生而长极。四七，筋骨坚，发长极，身体盛壮。五七，阳明脉衰，面始焦，发始堕。六七，三阳脉衰于上，面皆焦，发始白。七七，任脉虚，太冲脉衰少，天癸竭，地道不通，故形坏而无子也。（《黄帝内经·素问·上古天真论》）

【白话】岐伯说：（按一般生理过程来讲）女子到了7岁，肾气就充盛，牙齿更换，毛发生长。到了14岁时，天癸发育成熟任脉通畅，冲脉旺盛，月经按时而行，所以能够生育。到了21岁，肾气平和，智齿生长，身高也长到最高点。到了28岁，筋骨坚强，毛发长到了极点，身体非常强壮。到了35岁，阳明经脉衰微，面容开始枯槁，头发也开始脱落。到了42岁，三阳经脉之气从头部开始都衰退了，面容枯槁，头发变白。到了49岁，任脉空虚，冲脉衰微，天癸枯竭，月经断绝，所以形体衰老，不能再生育了。

思考能力我最强

《黄帝内经》为何是中国传统文化的中医药组成部分？

第2课　指导临床实践的经典——《伤寒论》

《伤寒论》究竟是一本什么样的书？为何要写这本书，如何领略其中的奥妙呢？

一 张仲景生平

张仲景生于公元150年，卒于公元219年，与历史人物曹操(155~220)、刘备(161~223)、华佗(?~208)是同时代的人，《伤寒杂病论》还保留着河南较强的文化色彩，比如"桂枝不中与之也"，"不中"犹言不可，至今仍为河南方言。

张仲景师从同乡张伯祖，且医术超过老师。他系统总结汉代以前的医学成就，结合自己的临床医疗实践，撰写我国第一部临床医学专著《伤寒杂病论》，奠定了中医辨证论治的理论基础，成为指导临床实践的经典之作，被誉为"方书之祖"，因此被尊为"医圣"。据记载张仲景曾"举孝廉，官至长沙太守"，也被称为"张长沙"。自宋代以后，医家常以"长沙"指代张仲景或张仲景著作。如黄元御著《长沙药解》，陈修园著《长沙方歌括》，吕履著《长沙用药十释》等，其中的"长沙"，皆代张仲景或张仲景著作。而在其他中医学的著作中，以"长沙"作为张仲景代称，则是很常见的事情。

二 《伤寒杂病论》的成书背景

东汉末年战乱频繁,天灾不断,大的自然灾害多达22次,包括涝、旱、雹、蝗、火、地震、河堤决口等。战后及灾后疫病流行,建安七子王粲《七哀》诗云:"出门无所见,白骨蔽平原。路有饥妇人,抱子弃草间。顾闻号泣声,挥涕独不还。未知身死处,何能两相完?"曹植《说疫气》描述建安二十二年(217):"疠气流行,家家有僵尸之痛,室室有号泣之哀。或阖门而殪,或覆族而丧"就是当时情况的写照。张仲景《伤寒论序》云:"余宗族素多,向余二百,建安纪年以来,犹未十稔,其死亡者三分有二,伤寒十居其七。"这些外部因素也促使张仲景发奋研究医学,"勤求古训,博采众方,撰用《素问》《九卷》《八十一难》《阴阳大论》《胎胪药录》,并《平脉辨证》,为《伤寒杂病论》合十六卷",融理法方药于一体,中医临床经典巨著横空出世。

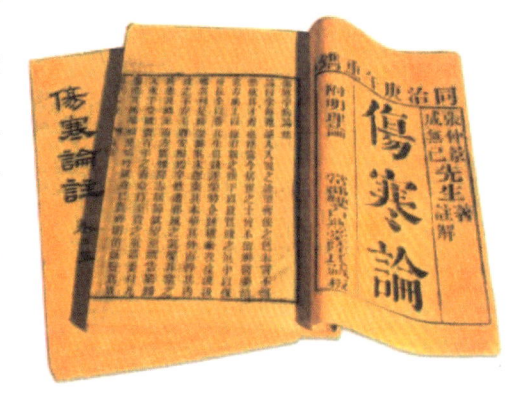

《伤寒论》

三 《伤寒论》的传承

《伤寒杂病论》问世后未能广泛流传,由于战乱,至西晋已经散佚。当时国家主管卫生的官员——太医令王叔和收集其伤寒部分编成《伤寒论》,使其得以流传。后经北宋校正医书局林亿等校勘整理出版,并作为北宋"国家中医药大学"——太医局的教材,而得以全国推广普及。至

《伤寒论》

明朝赵开美翻刻宋版《伤寒论》流传至今，我们现在看到的《伤寒论》都是赵开美的翻刻本。

四 学术价值

《伤寒论》从问世到今天历经1800余年，其所创立的六经辨证体系，一直有效地指导着临床实践，"其法而天下则，方而万病祖"，对中医药学术发展产生了重要的影响。所创方剂，选药精当，配伍严谨，据证立法，因法设方，疗效可靠，被后世誉为"众方之祖""经方"，奠定了方剂学的奠基。它所运用的汗、吐、下、和、温、清、消、补等治法，所隐含的治病求本、调和阴阳、祛邪扶正、标本缓急、随证施治、扶阳气以及保胃气、存津液等治则，为中医治法、治则之圭臬。所用剂型有汤剂、丸剂、散剂、灌肠剂等，为中医药剂技术的发展奠定了基础。

后世研究张仲景的《伤寒论》的医家众多，所撰写的著作不计其数，应用经方者更是不胜枚举，因而形成著名的医学流派——伤寒学派，并在清代又分为错简重订、维护旧论、辨证论治三大流派，其中辨证论治又进一步分为按法类证、按病类证、按方类证、分经审证等。近百年来还成立许多专门研究《伤寒论》的学术团体，如仲景学说研究分会、经方研究分会等。这充分说明《伤寒论》的学术价值很高，的确是指导临床实践的经典。

延伸阅读

余每览越人入虢之诊，望齐侯之色，未尝不慨然叹其才秀也。怪当今居世之士，曾不留神医药，精究方术，上以疗君亲之疾，下以救贫贱之厄，中以保身长全，以养其生。但竞逐荣势，企踵权豪，孜孜汲汲，惟名利是务，崇饰其末，忽弃其本，华其外而悴其内。皮之不存，毛将安附焉？卒然遭邪风之气，婴非常之疾，患及祸至，而方震栗；降志屈节，钦望巫祝，告穷归天，束手受败。赍百年之寿命，持至贵之重器，委付凡医，恣其所措。咄嗟呜呼！厥身已毙，神明消灭，变为异物，幽潜重泉，徒为啼泣。痛夫！举世昏迷，莫能觉悟，不惜其命。若是轻生，彼何荣势之云哉？而进不能爱人知人，退不能爱身知己，遇灾值祸，身居厄地，蒙蒙昧昧，蠢若游魂。哀乎！趋世之士，驰竞浮华，不固根本，忘躯徇物，危若冰谷，至于是也！

余宗族素多，向余二百，建安纪年以来，犹未十稔，其死亡者三分有二，伤寒十居其七。感往昔之沦丧，伤横夭之莫救，乃勤求古训，博采众方，撰用《素问》《九卷》《八十一难》《阴阳大论》《胎胪药录》，并《平脉辨证》，为《伤寒杂病论》合十六卷，虽未能尽愈诸病，庶可以见病知源，若能寻余所集，思过半矣。

思考能力我最强

《伤寒论》中的方剂为什么有抗击新冠疫情的作用？

第3课　保证用药安全的国家药典

通过对唐、宋、明、新中国编纂药典历史的介绍，说明国家对中药用药安全的高度重视。

昔神农氏尝百草，一日遇七十毒，由此发端，后人著成第一部本草专著《神农本草经》，载药365种，成为临床用药指南。嗣后《吴普本草》《名医别录》《本草经集注》相继问世，记录许多新发现的药物及其新功效。2014年出版的《全国中草药汇编》第3版所记录的中草药多达3880种，如何充分有效利用这些中药治病，掌握合适的剂量，避免毒性（包括剧毒、大毒、小毒、无毒）和副作用，保证用药安全，这是关乎生命健康的重要问题。那么，古代有哪些监管措施呢？

其实，早在公元659年唐政府就颁布了世界上一部药典《新修本草》，用于指导临床用药。由于中药多是草本植物，故称为本草，因此唐代药典就命名为《新修本草》。

药典的含义就是由国家官方颁布，用来记载药品标准和规格的法典，可以用来规范药材使用、保障药品质量和用药安全，对维护健康有着十分重要的作用。

一　唐代药典《新修本草》

唐代是中国历史上的鼎盛时期之一，国家对中医的发展与本草监管极其重视，唐高宗李治任命李勣、苏敬等20余位医药家和儒臣组成专门编写班子，依靠国家行政力量，进行前所未有的全国性的本草药物调查，历时2年，编纂出版《新修本草》，这是我国历史上第一部具有药典性质的由官方组织编纂的本草专著，比公元1542年问世的欧洲纽伦堡药典还要早800余年。

《新修本草》全书54卷，收载本草药物共800余种，并将其分为玉石、草、木、禽兽、虫鱼、果、菜、米、有名无用9类。不仅包含中药详细的性味、功效、主治，同时还配有药物的彩色图谱，并附以文字说明。这种图文对照的编写方法，开创了世界药学著作的先例。

《新修本草》

《新修本草》内容丰富，取材精要，形式新颖，具有很高的医药学价值，集中反映了唐代药学的辉煌成就，同时也奠定了后世的大型本草书籍的编写格局，对我国乃至世界医药学的发展产生了深远影响。该书于公元731年流传到日本，引起了很大的反响，甚至在当时日本的法律实施细则《延喜式》中就有"凡医生皆读苏敬《新修本草》"的记载，成为当时我国和日本等国医生学习中医中药的必修课本。

二　宋代药典《开宝本草》《嘉祐补注本草》《本草图经》

到了北宋时期，随着我国的经济、文化、科学技术和商业、交通的发展进步，加上当时的统治者和一大批儒士对医药的关注和偏好，尤其是雕版印刷的应用，促进了医药知识的传播和发展。在这一时期，人们对药品的功效认识更为深化，所用的药品数量也有所增加，炮制药品的技术也有进步，并且依靠国家的力量，中医药知识和文化也在全国范围内得到推广。

在宋代开国的一百年内，政府组织并进行了多次大型官方药典的编纂工作，先后刊行了《开宝本草》（973年）、《嘉祐补注本草》（1060年）和《本草图经》（1061年）。其中由苏颂辑成的《本草图经》，内容广泛，图文并茂，特别在辨识药物方面成绩卓著，书中附有的900多幅药物图谱，是我国乃至世界范围内现存最早的版刻本草图谱，至今仍是医药学家进行本草考证的重要依据。

三 明代药典《本草品汇精要》

明朝时期，随着商品经济迅速发展，中外交流日益频繁，医药知识不断丰富，沿用已久的宋代药典和本草著作已经不能满足时代的需求。于是，明朝政府任命太医院院判刘文泰负责编纂新的官方药典——《本草品汇精要》。负责药典编纂工作的人员近30人，主要由当时的太医院御医、医士及儒士组成，另外在编纂过程中还聘请了当时有名的宫廷画师来绘制中药彩色图谱。

苍术

《本草品汇精要》收载药物1815种，书中配有1385幅精美的彩色药图和制药图，反映了当时人们对于药物认识的进步，它是明代唯一的官方药典，同时也是中国古代最大的一部彩色本草图谱书籍。

四 新中国药典《中华人民共和国药典》

中华人民共和国成立以后,党和政府高度重视医药卫生事业,为了保证用药安全,新中国成立伊始,我国政府即着手启动药品标准体系建设。卫生部于1950年邀请有关专家49人成立了第一届《中华人民共和国药典》编纂委员会,开始《中华人民共和国药典》的编纂工作。经过全体药典委员和有关专业人员的共同努力,于1953年颁布了新中国第一部国家药品标准——《中华人民共和国药典》。随着科技的不断发展和人们对药物认识的加深,我国的药典也在不断更新。时至今日,我国已经先后颁布了11版《中国药典》。

《中华人民共和国药典》

延伸阅读

石斛

主伤中,除痹,下气,补五脏虚劳羸瘦强阴。久服厚肠胃,轻身延年。益精,补内绝不足,平胃气,长肌肉,逐皮肤邪热痱气,脚膝疼冷痹弱,定志除惊。

石斛

【名】林兰、禁生、杜兰、雀髀斛、石㦦、麦斛。

【苗】《图经》曰:五月生苗,茎似竹节,节间出碎叶。七月开花,十月结实。其根细长,黄色。七八月采茎,以桑灰汤沃之,其色如金。江南生者有二种,一种似大麦,累累相连,头生一叶,名麦斛;一种大如雀髀,名雀髀斛,惟生石上者胜。亦有生栎木上者,名木斛,不堪用。《唐本注》云:麦斛,叶在茎端,其余斛如竹节间生叶也。【地】《图经》曰：生六安山谷水傍石上，今荆州、广州郡及温、台州亦有之。《唐本注》云：荆襄及汉中、江左。陶隐居云：出始兴、宣城、庐江、始安。[道地]广南者为佳。【时】[生]五月生苗。[采]七月、八月取茎。【收】阴干。【用】茎。【质】类木贼而扁。【色】黄。【味】甘。【性】平，缓。【气】气厚于味，阳中之阴。【臭】朽。【主】补肾气，暖腰膝。【助】陆英为之使。【反】畏僵蚕、雷丸，恶凝水石、巴豆。【制】雷公云：去头土，用酒浸一宿，漉出，于日中暴干，却，用酥蒸，从巳至酉，徐徐焙干用之。【治】[疗]《药性论》云：除热及男子腰脚困弱，逐皮肌风痹，骨中久冷，虚损腰痛。日华子云：平胃气，逐虚邪。《衍义》曰：去胃中虚热。[补]《药性论》云：益气健阳，补肾积精，养肾气，益力。日华子云：补虚损劣弱，壮筋骨，暖水脏，轻身益智。（明·刘文泰《本草品汇精要·卷之八》）

思考能力我最强

《中华人民共和国药典》与古代的药典有什么不同？

 **第4课** 古代的太医院

本课系统地介绍了太医院的职责及其在医疗、中医教育、卫生防疫中所发挥的作用。

近年来，影视剧中出现不少太医院的镜头，电视剧《神医喜来乐》的播出更使太医院火了一把。那么中国古代有无真的太医院，最早是什么时候成立的？有哪些职责和功能呢？这些都是人们关注的问题。

古代的确是有太医院的，在隋唐时期称太医署，宋代叫做翰林医官院。至金代首设太医院，元代、明代、清代一直沿用太医院之名，延续了700余年。

一 金代首设太医院

1115年，女真族完颜部首领阿骨打创建了金朝。金朝时，中央政府在历史上首次设立太医院作为官方医疗机构。太医院设置的职官，有提点、使、副使、判官、管勾、正奉上太医、副奉上太医、长行太医。提点为最高官员，品阶正五品。各类太医应该是从事实际诊疗工作的医生。太医院太医不仅要为帝王、皇亲、文武百官等提供医疗服务，还会被外派到其他国家诊治他国官员和皇亲的疾病，而且要为受伤患病的军队士兵诊治，最后还要负责防控各地出现的疫情。金代太医院还负责医学教育，医学教育分为十科，各地参加学习的医学生人数不一，每月都要参加考试，每三年由太医院太医进行一次医学水平测试。

金元四大家之一的张从正因医术高超，被太医院聘请为太医。

二 元代太医院

1232年，元太宗窝阔台就设置了太医大使，作为掌管太医的最高长官，1241年设立太医院，总管医政。1260年忽必烈在开平（后称上都，今内蒙古多伦县境内）自立为蒙古国大汗，也设置有太医院。1267年，忽必烈迁都中都（后改名大都，今北京），开平太医院随之迁入，建立北京太医院。此时太医院变为独立的最高医事机构，最高官员为太医院院使，品秩正二品（相当于现代的省级领导），这在中国历史上是前所未有的。元代太医院总领天下医政，拥有较多的下属机构，包括广惠司、大都及上都回回药物院、御药院、御药局、行御药局、御香局、大都惠民局、上都惠民局、医学提举司、官医提举司等。元代太医院负责的医学教育分为十三科，分别为大方脉科、小方脉科、风科、杂医科、产科、眼科、口齿科、咽喉科、正骨科、金疮肿科、针灸科、祝由科及禁科。后合并为十科，即大方脉杂医科、小方脉科、风科、产科兼妇人杂病科、眼科、口齿兼咽喉科、正骨兼金疮科、疮肿科、针灸科、祝由书禁科。医学生考试所用书籍有《素问》《难经》《神农本草经》《伤寒论》《圣济总录》《千金要方》等。元代太医院之名承袭金代，但在制度上却发生了重大变革，对后代的宫廷医药机构乃至全国医政管理制度都产生了深远的影响。

三 明代太医院

明代太医院的前身，可以追溯到朱元璋称吴王时仿效元代太医院建立的医学提举司。医学提举司始建于元至正二十四年（1364），1366年改称太医监，设太医少监职位，品阶正四品，1368年改为太医院，设院使（即院长），品秩正三品。1368年，朱元璋建立明朝，定都南京，始建南京太医院。洪武十四年（1381），太医院改设太医令一人，品阶为正五品，太医丞一人，吏目一人，属官御医四人。此后，明代太医院官员的最高品秩固定为正五品不变。1412年，明成祖迁都北京，始建北京太医院。自此，南京、北京两所太医院并立，直至明朝灭亡，这种情况是历史上绝无仅有的。而南京太医院的地位和规模都远逊于北京太医院，并受北京太医院管制，其医官多被视为闲职。明代北京和南京的太医院的下属机构，均只有惠民药局和生药库。这两个机构都具有医政管理的性质，服务对象也不仅限于宫廷，而且面向全国民众。惠民药局掌管贮备药物、调制成药等业务，主要为军人和普通民众提供药物和医疗。生药库则是主管药材存贮的机构，掌收贮四方进贡药品。明代太医院医学教育分为十三科，与元代略有不同，其中伤寒科被独立设置为一科。

明朝嘉靖年间(1522~1565)的太医院院长薛立斋，幼承家学，博览群书，吸取诸家之长，善于总结临床经验，著书立说，精通各科，是一位全科医生。他的著作有：《内科摘要》《外科发挥》《外科枢要》《外科心法》《外科经验方》《疠疡机要》《口齿类要》《女科撮要》《保婴撮要》《正体类要》《本草约言》《过秦新录》，评注或校注《保婴撮要》《明医杂著》《小儿药证直诀》《妇人大全良方》《小儿痘疹

方论》《原机启微》，为中医学发展做出很大贡献，对后世产生了重大影响。

四 清代太医院

清朝顺治初年设立太医院，配置院使、院判、御医、吏目、医士等职官。清代太医院隶属礼部，为五品衙门，至宣统时，一度改为四品。其职官设置屡有变动，最高长官称为院使，另设左院判、右院判及御医、吏目、医士、医生等职。起初各官品级，满汉间有所不同，

康熙九年（1670）改归划一。太医院最主要的职责是负责为皇帝、王公大臣诊疗疾病。医官们按术业专攻分为九科，宫廷内的诊疗活动皆由太医院派遣御医值守负责。宫廷另一个重要医药机构——御药房，时而为太医院所属，时而为礼部或内务部制约，但供职的御医皆从太医院中选拔。除诊疗活动之外，太医院还以选派、考核医官的形式，管理军队和监狱的医生，并下设教习厅、医学馆，掌管医学教育职责。太医院还设有生药库，收贮每年各直省解纳至京的地道药材。太医院医学教育分为十一科，与明代相比，废除了按摩科、金镞科、祝由科，增加了痘疹科。其原因是满人入关后，深受天花威胁，故要增设痘疹科在全国推广人痘接种。1905年，清政府推行新政，设立卫生科，后升为卫生司，成为与太医院并立的医政机构。1908年，因光绪与慈禧病逝，自太医院院使以下官员被全部革职，太医院作为国家最高医政机构的历史，走到了尽头。

清朝乾隆年间太医院院判吴谦主持编纂的《医宗金鉴》大型丛书，成为学习中医的教科书，广泛流传，影响深远。

太医院制度虽已成为历史，但其较为完备的医疗保障体系、中医教育制度，对重大传染病疫情防控的重视，都对后世中医药教育、医疗、科研、管理等不无借鉴作用。

《医宗金鉴》

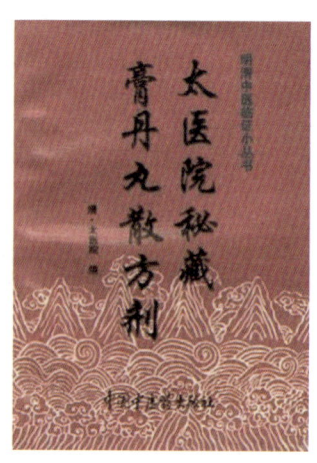

《太医院秘藏膏丹丸散方剂》

延伸阅读

资生丸

人参 橘红 枣仁各一两炒 黄连五钱 桔梗五钱 茯苓二两 白术四两 当归 山楂各一两五钱 远志肉五钱 麦冬一两五钱炒 薏米一两五钱 山药一两五钱 建莲一两五钱 白豆蔻五钱 扁豆一两五钱 芡实一两五钱 建曲二两 藿香五钱 缩砂五钱

共为细末，炼蜜为丸。

此药专治能养胃健脾，益气补中，调和五脏，滋补营卫，并理虚消食化痰，不燥不热。凡男妇老幼，脾胃虚弱，气血不足，多困食少，体瘦面黄，饥饱失宜，不思饮食，虚膨胀满，呕吐痰水，溲便不调，四肢乏力，盗汗遗精，虚损劳伤等症，并皆治之。每服三钱，不分早晚，以白滚水送下，米汤亦可。忌生冷、厚味。

天王补心丹

生地四两 天冬 麦冬 柏子仁 枣仁 当归 五味子各一两 人参 远志 甘草炙 茯苓 元参 丹参 石菖蒲 桔梗各五钱 黄连一两五钱

共为细末，炼蜜为丸。

此药专治劳神过度，长夜不眠，耗损精血，梦寐不安，遗精便浊，自汗盗汗，四肢无力，遍身酸软，不思饮食，一切等症。盖因水不升，火不降之故耳。每服一丸，临卧灯心圆皮汤送下。（《太医院秘藏膏丹丸散方剂》卷一）

 思考能力我最强

为什么要成立太医院？

第二单元 文学名著里的中医药文化

第5课　《三国演义》里的中医药文化

《三国演义》第七十五回：曹仁见机引兵冲出欲杀关公，后被关平救回，拔出臂箭，原来箭头有毒，但毒已迅速入骨，青肿不堪，不能运动。名医华佗闻听仰慕的英雄中毒，特地赶来为关羽治病。检查后他发现，箭上有中药乌头的毒素，中箭后若不及时刮去骨头上的毒素，胳膊也许就废了。关羽不畏痛苦，面色不改地一边与马良下棋，一边接受治疗。华佗刮尽其毒，敷上药，以线缝之。最终治好了关羽的毒伤。于是后世便有了关羽刮骨疗毒的美谈，用"刮骨疗毒"比喻彻底治疗，从根本上解决问题，也比喻意志坚定的人。作者罗贯中有诗说："治病须分内外科，世间妙艺苦无多。神威罕及惟关将，圣手能医说华佗。"既体现了关羽的英勇无畏，又赞叹了神医华佗的医术精湛高超。

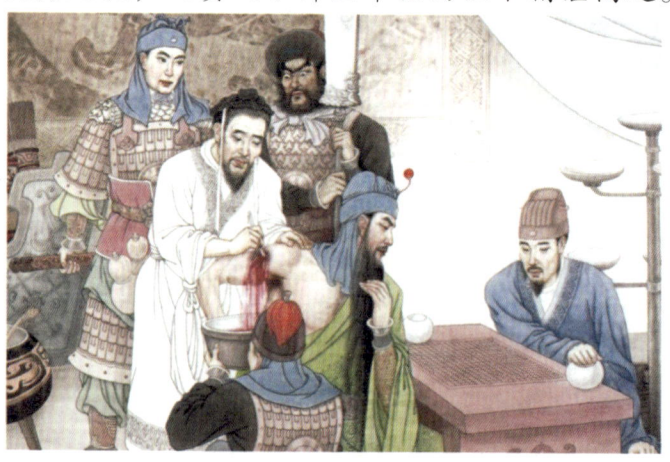

华佗为关羽刮骨疗毒

我们细细品味这个故事，古代中医解剖学、中医外科学与手术器械、中药学的成就及华佗高超的医术，跃然纸上。

一 中医解剖学

华佗为关羽治病，用尖刀割开皮肉，直至于骨，刮尽其毒，敷上药，以线缝之愈合。说明中医解剖学已经发展到了较高的水平，人们已经掌握了皮肉、骨骼之间的解剖关系。其实中医解剖学的突出成就最早可以追溯到春秋战国时期，明确提出"解剖"一词，并且对五脏六腑位置、形态、重量、长度等都进行了生动的描述。这在《黄帝内经》《难经》中均有体现。宋代解剖学有了重大进步，《欧希范五脏图》《存真图》《洗冤录》先后问世，领先于世界；清代王清任《医林改错》创立瘀血学说及活血化瘀治疗原则，对后世产生了重要影响。

二 中医外科学与手术器械

刮骨疗毒的治疗方法是中医外科手术学的具体体现，与先进的手术工具及医疗器械是密不可分的。中医外科学的产生源于原始社会时人们利用树叶、草茎包扎虫兽所伤。随着青铜冶炼技术逐步提高，手术工具不断进步，加之解剖学的发展，古代外科手术日趋成熟。《史记·扁鹊仓公列传》《三国志·华佗传》都对古代外科手术进行了记载。

此外，麻醉止痛药在外科手术中占有举足轻重的地位，华佗发明"麻沸散"的故事妇孺皆知，《三国志》《后汉书》中均记载了他使用"麻沸散"进行外科手术麻醉的案例。

三 中药学成就

华佗发现关羽受伤的严重之处在于箭上的毒素，即是后世流传甚广的植物乌头的毒素——乌头碱。生乌头有大毒，其毒性成分主要为乌头碱。

然而人们又发现乌头也能够治疗许多疾病，只要经过炮制或煎煮40分钟左右，就能够显著降低毒的副作用，以保证用药安全。所以为了用药安全，一定记得要炮制或提前煎煮。

乌头为毛茛科植物，主要产于四川、湖北、湖南等地。根茎入药叫乌头，依附于主根生长的侧根（子根）入药称为附子，不长侧根的根茎称为天雄。

一种植物既能作为毒药用以伤人，又根据不同部位入药分成三种中药，治病疗疾，解除病痛，救人于水火，真是神奇呀！

乌头　　　　　　　　附子　　　　　　　　天雄

四　神医华佗

据《三国志·华佗传》记载，华佗字元化，汉代沛国谯郡人。医德高尚，不重名利，不慕富贵。通养性之术，年且百岁而貌如壮容。精晓得药，疗疾合汤不过数种，心解分剂，不复称量，煮熟便饮，语其节度，舍去辄愈。若当灸，不过一两处，病亦应除。若病结积在内，当须刳割者，便饮其麻沸散，须臾便如醉死无所知，因破取。病若在肠中，便断肠湔洗，缝腹膏摩，四五日差，不痛，一月之间，即平复矣。因此被誉为神医。后被疑心重重的曹操所误杀，甚是可惜！

后人评价说：

华佗仙术比长桑，神识如窥垣一方。惆怅人亡书亦绝，后人无复见《青囊》！

延伸阅读

华佗字元化，沛国谯人也，一名旉。游学徐土，兼通数经。沛相陈珪举孝廉，太尉黄琬辟，皆不就。晓养性之术，时人以为年且百岁而貌有壮容。又精方药，其疗疾，合汤不过数种，心解分剂，不复称量，煮熟便饮，语其节度，舍去辄愈。若当灸，不过一两处，每处不过七八壮，病亦应除。若当针，亦不过一两处，下针言"当引某许，若至，语人"。病者言"已到"，应便拔针，病亦行差。若病结积在内，针药所不能及，当须刳割者，便饮其麻沸散，须臾便如醉死无所知，因破取。病若在肠中，便断肠湔洗，缝腹膏摩，四五日差，不痛，人亦不自寤，一月之间，即平复矣。（《三国志·华佗传》节选）

思考能力我最强

神医华佗的医书为何没有流传下来？

 **第6课** 《红楼梦》里的中医药文化

你了解哪些《红楼梦》里的中医药文化知识呢？我们来了解一下吧。

一部《红楼梦》，几多中医情。据统计，《红楼梦》中涉及医药知识达290余处，5万余字，使用的医学术语161条，描写的病例114种，中医病案13个，方剂45个，中药125种，西药3种。一部小说中包含如此丰富的中药知识，这在中外文学史上是绝无仅有的。尤为难能可贵的是，曹雪芹独具匠心地将中医药近乎完美地融入文学之中，借中医知识来推动情节发展，丰富人物形象。

一 《红楼梦》中的美容文化

"粉面含春威不露，丹唇未启笑先闻。"曹雪芹笔下首次出镜的王熙凤的形象，正是大观园里粉黛裙钗们修饰化妆的缩影。从宝玉挨打受伤后喝的玫瑰露，到荷包里装的香雪润津丹；从平儿理妆时用的香粉唇脂，到湘云患"桃花癣"，向宝钗讨要的蔷薇硝……从美容学的角度来看，《红楼梦》中的描写，使清代的美容文化与中医药文化结缘，呈现出丰富多彩的景象。

《红楼梦》第59回，写史湘云早晨起来后梳妆，说自己的脸发痒，恐怕是又犯了杏癍癣（又名"桃花癣"），便向宝钗要些蔷薇硝来擦。宝钗说，她剩下的都给了宝琴，就让莺儿去黛玉那要些来。这里提到一种皮肤病——桃花癣，据《医宗金鉴》记载：春季风大并且日照时间长，脸上会感到瘙痒干燥，又称"吹花癣"，多发生于春季桃花盛开的季节，女性多见，现代医学称之为"面部干性糠疹"。"蔷薇硝"正是治疗桃花癣的特效药物。

蔷薇硝是一种细粉状药妆用品，主要由蔷薇露和芒硝构成。民间于春季采摘蔷薇花，蒸粉之后在化妆品商铺出售。蔷薇有润泽肌肤、清热解毒的疗效，芒硝清火消肿，治疗桃花癣效果颇佳。

蔷薇

二 《红楼梦》中的茶文化

"一部《红楼梦》，满纸茶叶香。"

中国是茶叶的故乡，茶文化的发祥地。《红楼梦》中描写茶文化的篇幅广博，细节精微，意蕴深远。品味有关饮茶细节的描写，我们可感到绵绵不绝、浸入肺腑的淡淡清香。茶有消食、健脾、醒脑提神等作用，故贾府饭后必饮茶，以开胃消食。

1.六安瓜片

《红楼梦》第41回"栊翠庵茶品梅花雪，怡红院劫遇母蝗虫"描写道：妙玉亲自捧了一个海棠花式雕漆填金云龙献寿的小茶盘，里面放一个成窑五彩小盖钟，捧与贾母。贾母道：

六安瓜片

"我不吃六安茶。"妙玉笑说："知道，这是老君眉。"贾母接了，又问是什么水。妙玉笑回"是旧年蠲的雨水"。贾母吃了半盏，便笑着递给刘姥姥说："你尝尝这个茶。"刘姥姥便一口吃尽，笑道："好是好，就是淡些，再熬浓些更好了。"贾母众人都笑起来。

这里说的六安茶是中国十大名茶之一，简称瓜片，产自安徽六安，为绿茶极品茶，在清代为朝廷贡茶，它通过独特的传统加工工艺制成，形似瓜子的片形茶叶，又被称为"六安瓜片"，是唯一无芽无梗的茶叶，茶味浓而不苦，香而不涩。这么好的茶贾母都不吃，要喝"老君眉"，那么什么是"老君眉"呢？

2.君山银针

原来"老君眉"是妙玉为贾母特备的一种名茶，形如长眉，满布毫毛，故名"老君眉"，是产自湖南洞庭湖君山的白毫银针茶，沏上一杯，汤色翠绿，清澈明亮，香气清纯，底蕴浓郁，滋味醇厚，甘甜爽口，堪称茶中珍品，难怪贾母要喝此茶！

君山银针

3.云南普洱

《红楼梦》在第63回中写林之孝向袭人索取普洱茶，笑说："该沏些个普洱茶吃。"袭人晴雯二人忙笑说："沏了一吊子女儿茶，已经吃过两碗了。大娘也尝一碗，都是现成的。"

普洱茶

普洱茶，属于黑茶，因产于云南普洱府而得名。它是以大叶晒青毛茶为原料，经过发酵加工而成，越陈越好，有"可入口的古董"的美誉。晴雯说的"女儿茶"也是普洱茶的一个品种，是盛行于清代宫廷和官宦人家的名贵贡茶。小说在多个章回中还提到龙井茶、枫露茶等，堪称"清代贡茶录"。

茶圣陆羽认为，饮茶可以消除身体诸多不舒服的症状，《茶经》中记载：茶之为用，味至寒，为饮最宜精行俭德之人，若热渴、凝闷、脑疼、目涩、四支（肢）烦、百节不舒，聊四五啜，与醍醐、甘露抗衡也。李时珍在《本草纲目》写道："茶体轻浮，采摘之时，芽蘖初萌，正得春升之气。味虽苦而气则薄，乃阴中之阳，可升可降。"对很多种疾病有一定的防治作用。

茶叶因种类不同，其性能和功效各异，其保健和防病功能也有差别。所以饮茶应根据茶叶的性能、功效、人身体质，并随季节的变化而选择不同品种的茶叶。一般而言，春喝花茶，夏饮绿茶，秋季喝青茶，冬天饮红茶；体质偏寒饮红茶，体质偏热者饮绿茶。这样会更有利于身体健康。

三 《红楼梦》中的饮食文化

中国的饮食文化中，粥恐怕是最古老的传统食品了。药粥的理论是建立在中医"脾胃是后天之本"的脏腑气血理论和扶正祛邪的治则之上的。古代方中医书中都载有药粥方，《红楼梦》中贾府上下喝的粥多种多样。

1.红枣粥

第54回，荣府元宵节摆夜宴，贾母说她有些饿了，要喝粥。凤姐忙回答说："有预备的鸭子肉粥。"贾母说："我吃清淡点儿的吧。"凤姐又说："有枣儿熬的粳米粥。"凤姐所说的这两种粥品都是地道的药粥。大枣粥首见于宋代的《圣济总录》一书，《红楼梦》中说是为王夫人吃斋用的素食。从药的角度说，大枣粥具有补益脾胃、益气生津、养心安神的作用。在元宵节的夜宴上，一荤一素两种药粥，养生有术的史太君，吃清淡而远油腻，可谓饮食讲究了。

红枣粥

2.燕窝粥

《红楼梦》第45回，"冷美人"宝钗劝"病西施"林黛玉服食"燕窝粥"来滋阴补气、健身养神。宝钗建议："依我说，先以平肝健胃为要，肝火一平，不能克土，胃气无病，饮食就可以养人了。每日早起拿上等燕窝一两，冰糖五钱，用银铫子熬出粥来，

燕窝粥

若吃惯了，比药还强，最是滋阴补气的。"当天晚上，她便派两个婆子冒雨送来一大包燕窝和洁粉梅片雪花洋糖。黛玉之疾，低热、盗汗、咯血、嗽痰，燕窝滋阴而养胃气，食疗药补于一粥，自然有利于她的病体的复原。

3.腊八粥

在《红楼梦》第19回"情切切良宵花解语，意绵绵静日玉生香"中，贾宝玉给黛玉胡诌了一个故事，说到了腊八粥。腊八粥除米、豆外，还有红枣、花生、栗子、菱角、香芋等等。一说腊八粥起源于佛教，农历腊月初八，是释迦牟尼成道之日，佛家弟子以果子杂拌煮粥以供佛，名曰腊八粥，后来民间亦相沿成俗至今。

腊八粥

清代袁枚在《随园食单》中讲道："见水不见米，非粥也；见米不见水，非粥也。必使水米融洽，柔腻如一，而后谓之粥。"千百年来，国人食粥已形成一种饮食习惯，尤其对于脾胃虚弱的老年人更是最佳的保健饮食，对"体强健，享大寿"大有裨益。粥同人们的生活结下了不解之缘，熬制稀粥的原料易购、简便易行，人们可以根据自己的体质和健康状况，选择合适的药粥经常食用，有利于健康长寿。正如南宋著名诗人陆游作《食粥》诗："世人个个学长年，不悟长年在目前，我得宛丘平易法，只将食粥致神仙。"

> **延伸阅读**
>
> 浮生着甚苦奔忙,盛席华筵终散场。
>
> 悲喜千般同幻渺,古今一梦尽荒唐。
>
> 谩言红袖啼痕重,更有情痴抱恨长。
>
> 字字看来皆是血,十年辛苦不寻常。
>
> ——(《红楼梦·凡例》节选)

思考能力我最强

为什么《红楼梦》中有如此多的中医药文化出现呢?

第7课　《水浒传》里的中医药文化

　　《水浒传》里有很多关于中医药文化方面的知识，你都知道哪些《水浒传》里的中医药文化知识呢？我们来学习一下吧。

　　宋代是一个崇尚中医药的时代，政府制定了许多发展中医药的政策，提高中医药地位，并与三学并列。成立"翰林医官院""御药院""太医局""校正医书局""太平惠民和剂局"等中医药管理、教育、制药厂等机构，校勘出版医书，铸造针灸铜人，编纂中医药著作与药典。尤其是制定的中成药药典《太平惠民和剂局方》（简称《局方》），成为指导应用中成药的规范。官府守之以为法，医门传之以为业，病者恃之以立命，世人习之以成俗，可见其巨大的影响。

　　皇帝知医，文仕通医，儒医增多，因此连水泊梁山108位英雄好汉中也有医道高超的神医安道全，即使是大头领及时雨宋江也懂医术。《水浒传》全书共计120回，有31回40余处涉及了中医药，其中有宋江曾三次应用《局方》方剂治疗醉酒及泄泻的故事。

一　押司醉酒五更起，王公奉盏二陈汤

　　《水浒传》第21回载，一日，五更时分，卖汤药的王公来到县前赶早市，见到宋江便问："今日为何出来得这样早？"宋江答道："昨晚酒醉，错听更鼓。"王公说："押司必然伤酒，且请一盏醒酒二陈汤，并奉一盏二陈汤递与宋江吃。"

　　宋江酒醉喝过"醒酒二陈汤"后，感觉头脑都清醒了，还想起自

己经常喝王公的汤药,"不曾要我还钱",可见"醒酒二陈汤"的确有效,可有效缓解醉酒状态。

醒酒二陈汤

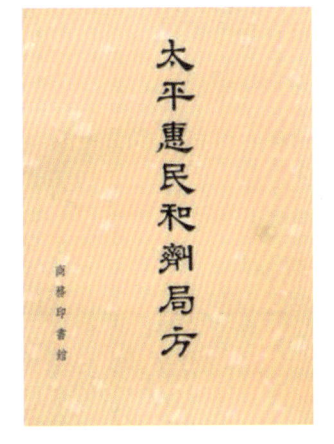

《太平惠民和剂局方》

此中"醒酒二陈汤"即为"二陈汤",出自宋代药典《太平惠民和剂局方·卷之四》,主治痰饮为患,或呕吐恶心,或头眩心悸,或中脘不快,或发为寒热,或因食生冷,脾胃不和。一共6种中药,半夏、陈皮各五两,白茯苓三两,炙甘草一两半,并加入生姜、乌梅一起煎煮,趁热服用,不拘时候。

此方燥湿化痰,理气和中,王公用此为宋江解酒则扩大了二陈汤的主治范围。需要指出的是方中半夏、陈皮以陈久者良,故以"二陈"名之。事实上,除了这两味药,中药中还有另外四味药也宜陈放贮存,即枳壳、麻黄、狼毒和吴茱萸,金代李东垣在《珍珠囊指掌补遗药性赋》中载有"六陈歌",歌曰:枳壳陈皮半夏齐,麻黄狼毒及茱萸,六般之药宜陈久,入药方知奏效奇。中药之六陈,从古至今,一直沿用,很多人只知此六种中药宜陈久用之,却不晓为何宜陈久,时间有没有限制?六陈是否越陈久越好呢?若将上述六种中药放置数年或数十年,其气与味还有多少?如果气味减少了很多,那功效会不会也随之减少呢?清末民初医家张山雷说:"新会皮,橘皮也,以陈年者辛辣之气稍和为佳。"

二　贪爱爽口食鱼鲜，腹泻难忍六和汤

《水浒传》第39回载，张顺送给宋江两尾鲤鱼，宋江把一尾鱼送与管营，留一尾自吃。宋江因见鱼鲜，贪爱爽口，多吃了些，至夜四更，肚里绞肠刮肚价疼，天明时，一连泻了二十来遭，昏晕倒了，睡在房中。宋江为人最好，营里众人都来煮粥烧汤，看觑伏侍他。次日，张顺因见宋江爱吃鱼，又将得好金色大鲤鱼两尾送来，就谢宋江寄书之义，却见宋江破腹泻倒在床，众囚徒都在房里看视。张顺见了，要请医人调治。宋江道："自贪口腹，吃了些鲜鱼，苦无甚深伤，只坏了肚腹。你只与我赎一贴止泻六和汤来吃，便好了。"

"六和汤"也载于《太平惠民和剂局方》，主要由砂仁、半夏、杏仁、人参、甘草、赤茯苓、藿香叶、白扁豆、木瓜、香薷、厚朴组成。

本方虽用药在于治疗外有感受风寒、内有饮食所伤之证，但终究以脾胃病变为主，中医学认为脾胃为六腑之总司，"后天之本"，故治疗从脾胃入手，通治风寒暑湿燥火六气所伤之病，能使六气调和，六腑安和，病去人安，故命名"六和汤"。这种不仅治疗表面症状，而且从根本入手的治疗思路体现了中医学"治病必求于本"的特色，同时告诉我们，解决问题要抓住主要矛盾。

三　江州酒馆贪吃酒，损伤脾胃致泄泻

宋江曾在江州琵琶亭酒馆吃酒，因贪酒食而泄泻，时间又在"五月半天气"，属于"夏月饮食不调"，宋江知此，即差张顺取止泻六和汤医治，说明他懂得一定的医术。后来宋江在浔阳楼待客，要了酒、果品、肉食，并特意告知酒保"鱼便不要"，恐伤脾胃。

此外，《水浒传》中江湖人受伤挨疼是常有之事，有了伤便需药来治，《水浒传》中提到"药"有197处，分为膏药、金疮药、毒

药、丹药、汤药等。

膏药：古称薄贴，是中医药五大剂型之一，"打虎将"李忠和"病大虫"薛永都是靠卖膏药维持生计，第3回写李忠"仗着十来条杆棒，地上摊着数十个膏药，一盘子盛着，插把纸标儿在上面"，他们使枪弄棒吸引众人围观，然后地上摆上膏药卖，反映了宋代商品经济繁荣的背景。

金疮药：用治外伤，李应中了祝彪的箭，晁盖的脸中了史文恭的箭，董平中了箭，都是金疮药敷住疮口。《水浒传》里治疗刀箭等金属器所伤，一般用金疮药，而棍棒所伤，主要用膏药。金疮药制作需要白龙骨、密陀僧、千古石灰等烧成灰碾为细末贴在伤口，其制作材料、工序、使用较膏药麻烦，而膏药从成本、使用范围来看，更符合百姓日常所需，且便于携带售卖，所以江湖人士多卖膏药，而非卖金疮药。

毒药：毒药的使用比武器伤命更为阴险毒辣，书中潘金莲用毒药害死武大，宋江最终因喝御酒而中毒死去。毒药也可以涂抹在箭上，用来射人、射虎。武松在景阳冈遇到的猎户就持有药箭射杀大虫，晁盖在曾头市中了史文恭的毒箭后一命呜呼。

丹药：源自道教的炼丹术，炼丹药是为了求长生不老。《水浒传》中"入云龙"公孙胜就是使用丹药的最具代表性的人物。第53回，戴宗和李逵去请久归不还的公孙胜，在路途中打探到公孙胜在家烧炼丹药。公孙胜师从罗真人，在戴宗二人来的路上,就有老汉告诉他们"因来这城中买些好香，回去听山上罗真人讲说长生不死之法"。可见追求长生在江湖上影响力是很大的，因此，公孙胜这样的术士在江湖有着举足轻重的地位。

汤药：前面我们讲到的卖汤药的王公给宋江盛的醒酒二陈汤，张顺给宋江买的止泻六和汤均是汤药。李东垣说："汤者，荡也，去大病用之。"汤剂的特点是吸收快、药效发挥迅速，而且可以根据病情的变化调整用量，能较全面、灵活地照顾到每个患者或各具体病变阶段的特殊性。

另外,"草泽医"安道全,是书中唯一一位有名有姓的为人看病、中医故事最多的专职医生。他得祖上真传,内外科精通,医术高明,人称"神医"。梁山好汉108将排座次,他占有一席之地,号称"地灵星神医安道全",专门负责治疗内外科诸疾。

延伸阅读

二陈汤歌诀:
二陈汤用半夏陈,益以茯苓甘草臣。
利气调中兼去湿,一切痰饮此为珍。
导痰汤内加星枳,顽痰胶固力能驯。
若加竹茹与枳实,汤名温胆可宁神。

——(清·王昂《汤头歌诀·除痰之剂》)

思考能力我最强

二陈汤中所用的半夏、陈皮为什么以陈久者良?

第8课　《西游记》里的中医药文化

大闹蟠桃宴、三打白骨精、车迟国斗法、计脱女儿国、真假美猴王、三调芭蕉扇……这一个个故事，我们都耳熟能详。而《西游记》中与中医药文化相关的故事都有哪些？你知道吗？

你挑着担，我牵着马，迎来日出，送走晚霞。踏平坎坷成大道，斗罢艰险又出发……一番番春秋冬夏，一场场酸甜苦辣，敢问路在何方？路在脚下。听着电视剧《西游记》的主题曲，唐僧一行四人牵马挑担，铃儿叮当，不畏艰难险阻、一路西行取经的画卷展现在眼前……

《西游记》的作者吴承恩不仅文学造诣很深，而且通晓医学，尤其是对本草的了解达到了前所未有的地步。在书中用了很多中药来描写唐僧师徒西行取经过程中所经历的一路艰辛。

电视剧《西游记》剧照

一　花果山群妖聚义，黑松林三藏逢魔

《西游记》第28回"花果山群妖聚义，黑松林三藏逢魔"里，吴承恩用中药名填写了一首《西江月》词，描写孙悟空对进犯花果山残杀众猴儿的猎户，进行抵抗的情景。

孙悟空被唐僧炒了鱿鱼，重回花果山。他看到当年的花果山已破败得不成样子，好不伤感。得知有千余猎户人马来此骚扰，便命小猴们搬来许多石块。不一会儿，大圣果然见不少人马上山来，心中大

怒,手里捻诀,口中念念有词,作起大风,将那碎石乘风乱飞乱舞。可怜那千余人马,一个个:

>　　　　　石打乌头粉碎,沙飞海马俱伤。
>　　　　　人参官桂岭前忙,血染朱砂地上。
>　　　　　附子难归故里,槟榔怎得还乡?
>　　　　　尸骸轻粉卧山场,红娘家中盼望。

海马

肉桂

人参

槟榔

红娘子

这是一首用中药写的药名词《西江月》,词里嵌入中药乌头、海马、人参、肉桂、朱砂、附子、槟榔、轻粉、红娘子等九味中药名,生动形象地描述了当时激烈拼杀和猎户惨亡的战斗场面。

二 心猿正处诸缘伏，劈破傍门见月明

《西游记》第36回"心猿正处诸缘伏，劈破傍门见月明"，作者吴承恩写道，山深日暮，唐僧想到西天水远山遥，险象千万，心中凄惨，便把心思告诉了大徒弟孙悟空。为了充分表达唐僧的心情，吴承恩赋诗一首，从近两千味中药的药名中，选择了能表达唐僧心中所想内容的九味中药，借中药名称和诗浑然一体，巧妙地紧扣小说的主要情节，以抒发唐僧渴望早日完成任务、回归故乡的情怀，令人拍案叫绝。

诗曰：

自从益智登山盟，王不留行送出城。
路上相逢三棱子，途中催趱马兜铃。
寻坡转涧求荆芥，迈岭登山拜茯苓。
防己一身如竹沥，茴香何日拜朝廷？

益智仁　　　　王不留行　　　　　　三棱　　　　马兜铃

这首七律诗选用了常用中药益智仁、王不留行、三棱、马兜铃、荆芥、茯苓、防己、竹沥、茴香等九味中药，镶嵌在诗词之中。虽然药物的功能、主治病症与诗的内容无关，但贴切自然，这些药名将唐僧此时的心情表达得一览无余，是用一般语言难以表达的。

诗词中的益智仁是指唐三藏受唐王之命赴西天即天竺国的大雷音寺取"大乘经"的矢志不渝，不达目的决不罢休的坚定信念。王不留行指的是唐王排驾亲自为御弟唐三藏饯行，并与众官送出长安城外。

用三棱加一"子"字特指唐僧的三个徒弟孙悟空、猪八戒和沙和尚，并用相逢来形容收这三人为徒的过程。马兜铃正是唐三藏师徒与白龙马一起"乘危远迈杖，策孤征"，匆匆赶路的形象和声音。茯苓又称玉灵、茯灵，这里则指西天如来佛祖。防己与竹沥形容唐僧心地清净、一尘不染，像新采的竹茎，经火炙后沥出的澄清汁液，清澈见底。茴香谐音回乡，表达了唐僧想要早日完成任务，回归故乡的渴望心情。

三 三调芭蕉扇

《西游记》第59至61回，描述了"三调芭蕉扇"这个故事，这是西天取经故事中的重点情节，铁扇公主与孙悟空斗智斗勇，双方围绕着这把芭蕉扇的得与失，展开了一场场惊心动魄的争夺战。在《西游记》中，芭蕉扇是一把神扇，可大可小，法力超群，就连神通广大的孙悟空被扇一扇子，也能飞到五万里之外。如果深究起这芭蕉扇来，里面可大有学问，《西游记》中说它"本是昆仑山后，自混沌开辟以来，天地产成的一个灵宝"，不知道大家有没有想过，扇子有那么多种，比如诸葛亮遇到问题时轻摇便能想出高明对策的羽扇，又如江南才子玩世不恭一般潇洒挥舞的折扇——为什么在吴承恩笔下必须要用芭蕉扇扇灭火焰山的大火呢？

因为吴承恩谙熟中药，芭蕉是一味中药性大寒之品，功效清热解毒，主治热病、中暑、痈肿热毒、烫伤。三调芭蕉扇就是吴氏利用芭蕉叶性大寒，寒能清热祛火的原理，风大还可以降温，用蒲扇达到扇灭火焰山大火的目的。也如用大量冰块降温一样，可以把热压下去，温度达不到着火点也就烧不起来了。

其实中医早就认识到一些火热病与风邪有着密切的关系，因此治疗某些热性疾病需要加上升麻、柴胡、防风、葛根等所谓的风药，因为这类药就像风一样灵动易走，有风一样的能力，能够"升、散、透、窜、通、燥、动"，可以促使火热消散，给热邪以出路，与清热解毒并用，增加祛邪途径，提高临床疗效。如流行性腮腺炎在古代被称为"大头瘟"，它的表现就是头面部红肿疼痛，古人常用清热解毒药加上风药的普济消毒饮这个方子治疗，收到很好的效果。

延伸阅读

却说孙行者按落云头，对师父备言菩萨借童子，老君收去宝贝之事。三藏称谢不已，死心塌地，办虔诚，舍命投西，攀鞍上马，猪八戒挑着行李，沙和尚拢着马头，孙行者执了铁棒，剖开路，径下高山前进。说不尽那水宿风餐，披霜冒露。师徒们行罢多时，前又一山阻路。三藏在那马上高叫："徒弟啊，你看那里山势崔巍，须是要仔细提防，恐又有魔障侵身也。"行者道："师父休要胡思乱想，只要定性存神，自然无事。"三藏道："徒弟呀，西天怎么这等难行？我记得离了长安城，在路上春尽夏来，秋残冬至，有四五个年头，怎么还不能得到？"行者闻言，呵呵笑道："早哩！早哩！还不曾出大门哩！"八戒道："哥哥不要扯谎。人间就有这般大门？"行者道："兄弟，我们还在堂屋里转哩！"沙僧笑道："师兄，少说大话吓我。那里就有这般大堂屋，却也没处买这般大过梁啊。"行者道："兄弟，若依老孙看时，把这青天为屋瓦，日月作窗棂；四山五岳为梁柱，天地犹如一敞厅！"八戒听说道："罢了，罢了，我们只当转些时回去罢！"行者道："不必乱谈，只管跟着老孙走路。"

好大圣，横担了铁棒，领定了唐僧，剖开山路，一直前进。那师父在马上遥观，好一座山景。真个是：

山顶嵯峨摩斗柄，树梢仿佛接云霄。青烟堆里，时闻得谷口猿啼；乱翠阴中，每听得松间鹤唳。啸风山魅立溪间，戏弄樵夫；成器狐狸坐崖畔，惊张猎户。好山！看那八面崔巍，四围险峻。古怪乔松盘翠盖，枯槎老树挂藤萝。泉水飞流，寒气透人毛发冷；巅峰屹崒，清风射眼梦魂惊。时听大虫哮吼，每闻山鸟时鸣。麂鹿成群穿荆棘，往来跳跃；獐豝结党寻野食，前后奔跑。伫立草坡，一望并无客旅；行来深凹，四边俱有豺狼。应非佛祖修行处，尽是飞禽走兽场。那师父战战兢兢，进此深山，心中凄惨，兜住马，叫声"悟空啊！我：

  自从益智登山盟，王不留行送出城。
  路上相逢三棱子，途中催趱马兜铃。
  寻坡转涧求荆芥，迈岭登山拜茯苓。
  防己一身如竹沥，茴香何日拜朝廷？"

——（《西游记·第三十六回》节选）

思考能力我最强

你喝过中药鲜竹沥吗？知道如何制作吗？

第三单元 运动与健康

第9课　仿生体操——五禽戏

作为一种医疗体操，华佗五禽戏不仅使人体的肌肉和关节得以舒展，而且有益于提高肺与心脏功能，改善心肌供氧量，提高心肌排血力，促进组织器官的正常发育。作为中国最早的具有完整功法的仿生医疗健身体操，华佗五禽戏也是历代宫廷重视的体育运动之一。

华佗五禽戏是由东汉末年著名医学家华佗根据中医原理，模仿虎、鹿、熊、猿、鸟五种动物的动作和神态编创的一套导引术。"禽"指禽兽，古代泛指动物；"戏"在古代是指歌舞杂技之类的活动，在此指特殊的运动方式。

华佗五禽戏是中国民间广为流传的也是流传时间最长的健身方法之一，由五种模仿动物的动作组成，华佗五禽戏又称"五禽操""五禽气功""百步汗戏"等。据传华佗的徒弟吴普依法锻炼，90多岁时依然耳不聋，眼不花，牙齿完好，达到百岁高龄。

1982年6月28日，中国卫生部、教育部和当时的国家体委发出通知，把华佗五禽戏等中国传统健身法作为在医学类大学中推广的"保健体育课"的内容之一。2003年中国国家体育总局把重新编排后的五禽戏等健身法作为"健身气功"的内容向全国推广。

华佗五禽戏包括虎戏、鹿戏、熊戏、猿戏、鸟戏五种仿生导引术，动作柔和。

一 虎戏

自然站式，俯身，两手按地，用力使身躯前耸并配合吸气，当前耸至极后稍停；然后，身躯后缩并呼气；如此3次。继而两手先左后右向前挪移，同时两脚向后退移，以极力拉伸腰身；接着抬头面朝天，再低头向前平视；最后，如虎行走般以四肢前爬7步，后退7步。

练虎戏，能使人强筋健骨，精力旺盛，缓解腰背痛。如果你有腰背疼痛的症状，练虎戏能增强夹脊穴和督脉的功能，能缓解颈肩背痛、坐骨神经痛、腰痛等症状。也可以增强人体肝胆的疏泄功能，对糖尿病等内分泌疾病有较好的辅助治疗效果。

二 鹿戏

接上四肢着地势。吸气，头颈向左转，双目向左侧后视，当左转至极后稍停；呼气，头颈回转，当转至面朝地时再吸气，并继续向右转，一如前法。如此左转3次，右转2次，最后回复如起势。然后，抬左腿向后挺伸，稍停后放下左腿，抬右腿如法挺伸。如此左腿后伸3次，右腿2次。

练鹿戏，能增强体力，益肾固腰，缩减腰围。很多上班族长期久坐，缺乏运动，生活不规律，导致腰围增大，习练五禽戏的鹿戏是个缩减腰围的好方法。因为鹿戏主要是针对肾脏的保健来设计的，它的各个动作都是围绕腰部来做运动，在练习的过程中，自然而然地使我们腰部的脂肪大量消耗，并重新分配，有益于缩减腰围，保持苗条身材。鹿戏也适合中老年人长期练习，对关节炎等结缔组织疾病效果较好。

三 熊戏

仰卧式，两腿屈膝拱起，两脚离床席，两手抱膝下，头颈用力向上，使肩背离开床席；略停，先以左肩侧滚落床面，当左肩一触及床席立即复头颈用力向上，肩离床席；略停后再以右肩侧滚落，复起。如此左右交替各7次。然后起身，两脚着床席成蹲式，两手分按同侧脚旁；接着如熊行走般，抬左脚和右手掌离床席；当左脚、右手掌回落后即抬起右脚和左手掌。如此左右交替，身躯亦随之左右摆动，片刻而止。

练熊戏，能调理脾胃，人出现滞食、消化不良等症状，不妨练练五禽戏中的熊戏。练熊戏时要在沉稳中寓于轻灵，将其剽悍之性表现出来，习练熊戏有健脾胃、助消化、消食滞、活关节等功效。经常练习能增进消化，促进睡眠，增强脾的运化功能，使不思饮食、腹痛、腹胀、便秘、腹泻等症状得以改善。

四 猿戏

择一牢固横竿(如单杠、门框、树杈等)，略高于自身，站立时手指可触及，如猿攀物般以双手抓握横竿，使两肢悬空，做引体向上7次。接着先以左脚背勾住横竿，放下两手，头身随之向下倒悬；略停后换右脚如法勾竿倒悬。如此左右交替各7次。

练猿戏，增强心肺功能。习惯于乘坐电梯的上班族如果爬上几层楼梯，不少人都会累得气喘吁吁，这其实在提醒你，你的心肺功能需要加强了。猿戏中的猿提动作遵循"提吸落呼"的呼吸方式，身体上提时吸气，放松回落时呼气。上提时吸气缩胸，全身团紧；下落时放松呼气，舒展胸廓，这组动作有助于增强心肺功能，缓解气短、气喘等症状。经常练习能使头脑灵活，增强记忆力，可以改善心悸、失眠、多梦、盗汗等症状。

五 鸟戏

自然站式。吸气时跷起左腿，两臂侧平举，扬起眉毛，鼓足气力，如鸟展翅欲飞状；呼气时，左腿回落地面，两臂回落腿侧。接着，跷右腿如法操作。如此左右交替各7次。然后坐下。屈右腿，两手抱膝下，拉腿膝近胸；稍停后两手换抱左膝下如法操作。如此左右交替亦7次。最后，两臂如鸟理翅般伸缩各7次。

练鸟戏时，动作轻翔舒展，可畅达气血，调和呼吸，疏通经络，祛风散寒，活动筋骨关节。经常练习可有效缓解鼻塞、流涕、胸闷气短等症状，可预防关节炎、肩周炎。

一般来说，练习五禽戏时最好在空气新鲜、草木繁茂的场所。每天四五次，每次约10分钟即可达到锻炼的效果。但是要想把五禽戏的好处发挥到最大，贵在坚持锻炼，持之以恒。

近年来五禽戏作为康复医疗的一种手段，已广泛应用于卒中后遗症、风湿性关节炎、类风湿性关节炎、骨质增生症、脊髓不全性损伤等患者的辅助治疗。

> **延伸阅读**
>
> 广陵吴普、彭城樊阿皆从佗学。普依准佗治，多所全济。佗语普曰："人体欲得劳动，但不当使极尔。动摇则谷气得消，血脉流通，病不得生，譬犹户枢不朽是也。是以古之仙者为导引之事，熊颈鸱顾，引挽腰体，动诸关节，以求难老。吾有一术，名五禽之戏，一曰虎，二曰鹿，三曰熊，四曰猿，五曰鸟，亦以除疾，并利蹄足，以当导引。体中不快，起作一禽之戏，沾濡汗出，因上著粉，身体轻便，腹中欲食。"普施行之，年九十余，耳目聪明，齿牙完坚。（《三国志·魏书·华佗传》）

思考能力我最强

华佗为何创立五禽戏？

第10课 陈氏太极拳

飞雪连天射白鹿，笑书神侠倚碧鸳。在金庸笔下飘逸潇洒的江湖世界，将天下武林的纷纷扰扰描写得淋漓尽致，书里的武功绝学如过江之鲫，数不胜数，其中一个就是太极拳。

中原大地，太行山南，黄河之滨的河南省焦作市温县陈家沟，住着从明洪武七年(1374)由山西洪洞县大槐树村移居来的陈氏一族，为防匪自卫，在陈卜、陈王廷、陈长兴、陈耕耘、陈延熙、陈发科、陈有恒、陈有本、陈仲甡、陈清萍等人带领下，耕读之余，全族练武，以阴阳开合运转周身者教子孙以消化饮食之法，理根太极，故名太极拳。尤其是陈氏第九代陈王廷，依据祖传拳术，吸取民间诸优秀拳种之精华，结合导引、吐纳术、中医经络学，创编内功拳种，按阴阳转换之意取名太极拳。陈氏十四世陈长兴，广开传拳之门，河北永年人杨露禅即是其著名高徒。之后，陈氏太极拳逐步演变出全国有代表性的"杨、武、吴、孙"等诸大流派。

一 太极拳的产生与演变

太极拳创始人陈王廷，是陈家沟陈氏第九世，明末清初人，文武兼优，精于拳械，功夫深厚，在河南、山东一带很有声望。在他年老隐居期间，依据祖传之拳术，博采众家之精华，结合太极阴阳之理，参考中医经络学说及导引、吐纳之术，创造了具有阴阳相合、刚柔相济的太极拳。

太极拳传至十四世陈长兴，他在祖传老架套路的基础上将太极拳套路由博返约，精炼归纳，创造性地发展成为现在的陈氏太极拳一路、二路(又名炮捶)。后人称为太极拳老架(大架)。他打破不传外姓的传统，将太极拳传授给杨露禅。之后，陈氏太极拳经过近百年的发展演变，派生了杨、吴、武、孙、和几大流派。

陈氏太极拳名家辈出。十六世陈鑫著《陈氏太极拳图说》阐发陈氏世代积累的练拳经验，以易理说拳理，引证经络学说；以缠丝劲为核心，以内劲为统驭，是陈氏太极拳理论宝库中重要的一篇。十七世陈发科创编陈氏太极拳新架，自1929年至1957年一直在北京授拳，以其刚柔相济，采、挒、肘、靠、拿、跌、掷、打兼施并用，技击精妙著称，人称"太极一人"。十八世陈照丕初在北平授拳，曾立擂17日，扬名北平（今北京）武术界，后被中华民国南京市市长请往授拳，拳踪广远，晚年归乡传拳，所授弟子中陈小旺、陈正雷、王西安、朱天才被海内外赞誉为陈氏太极拳"四大金刚"。照丕先生武德高尚、诲人不倦，是陈氏太极承前启后、继往开来的一代宗师。

二　太极拳的影响力

太极拳是中华民族对全人类的一项伟大贡献，因在强身健体、防身技击、修身养性等方面的独特价值已被列入《健康中国2030规划纲要》，国际武术联合会提出每年5月是世界"太极拳月"。

21世纪以来，太极拳在世界范围内蓬勃发展，目前已形成以中国为核心，以韩国、东南亚、美国、澳大利亚、日本、英国、法国等国家和地区为中心，并逐渐向非洲、中美洲辐射的太极文化传播网络。

太极拳在保障身心健康和应对老龄化的健康问题方面的功能，得到包括中国、美国、日本、瑞士、澳大利亚等国在内的众多国家的太极拳传播者、受众、研究机构和组织团体的重视,因此得以面向社会和大众在全球范围内推广并得到积极响应。据不完全统计,目前全世界有近3亿人在习练太极拳。

三 太极拳的养生健身功效

太极拳,是中华民族传统的、优秀的武术,有人称它是中华民族"第五大发明"。它是意气运动,属于内家拳,讲究"外三合"——肩与胯合,肘与膝合,腕与踝合,"内三合"——心与意合,意与气合,气与力合;"以功为本",加强内功修炼作为重要基础,通过训练内在呼吸方法、内在劲力和内在精神气质,提高精、气、神质量所产生的功力。太极拳和其他运动的区别,就是能消除头脑的紧张、忧愁、恐惧,摆脱病态心理,可以对人的身心进行调节,使心情愉快、平静,提高免疫力,增强体质,健康长寿,不仅对于身体,而且对于心灵有温养、洗涤作用。可以说习练太极拳是一种身、心、灵的锻炼。

太极拳深深扎根于传统养生学、传统医学、传统仿生学和传统气功等多学科的沃土之中,涵盖"平衡运动""有氧运动""静心运动""松弛运动""健腰运动"等,讲究调息养气,是一项具有明显养生健身功效的民族传统特殊体育运动。

四 太极拳的文化内涵

太极,是无所不包的哲学思想,而太极拳的文化内涵,已经成为中华民族的一个缩影、品牌或符号象征。中国数千年来的文化传统,其核心就是关于理想人格的塑造,简而言之即所谓的"内圣外王"四个字，这是中国古代修身为政的最高标准。太极拳的立身中正、平衡、和谐，无不体现着修习者对这一目标的追求。

1.太极拳的立身中正

人正则拳正，如是做人、如是打拳。行拳中保持"立身中正"，避免"过犹不及"等。同样，这也是协调处理人与人、人与社会相互关系时的道德准则和行为规范，对于维护社会秩序，推进社会和谐发展具有重要作用，即所谓"中庸之道，不偏不倚"。

2.太极拳的平衡

"阴阳学说"是太极拳拳理的根基；"阴阳互根""虚实相生""刚柔相济"也是太极拳的基本结构原则和基本操作规范。太极拳，实天机自然之运行，即所有的一切都是依照自然法则来运行的，身体内外自然地体现阴阳开合，不能有一丝一毫的强加之意，强行为之非太极自然之理，那样就不能称其为太极拳。这也就体现出太极拳是一项通过肢体语言表现阴阳平衡，完全遵循人体生理及大自然运转规律的运动方式，相互矛盾又相互统一，总是保持着一种平衡的状态。

3.太极拳的和谐

太极拳的核心思想之一就是"和谐"，和谐的最高境界即是"天人合一"，让人们能尽量摆脱繁重的心理压力，寻找一种宁静的归属感。如果人人都做到身心和谐，那么小到一个家庭，大到一个国家也自然会和谐统一。

4.太极拳的精髓

通过练习太极拳在追求"阴阳平衡""中正安舒"的过程中，达到高度的身与心与大自然的和谐统一，让人由内而外地充满幸福之感。正是"内圣外王""中庸之道""天人合一"等传统文化思想在太极拳主要特征、技术要领等各个方面的体现，推进了太极拳运动与自然、社会、人的心理、生理的和谐发展。

延伸阅读

太极拳的基本构想，在世界任何拳术、武功、搏击方法中是独一无二的。我相信这是老庄哲学在拳术中的体现。用在政治上那是清静无为的黄老之术；用在拳术之上，便是以柔制刚的太极拳。道理是一样的，以自然、柔韧、沉着、安舒为主旨，基本要点是保持自己的重心，设法破坏对手的平衡。但设法破坏对手的平衡，并不是主动出击，而是利用对手出击时必然产生的不平衡，加上一点小小的推动助力，加强他的不平衡。

太极拳讲究"以静制动""四两拨千斤""后发制人"。太极拳不运气，不用力。力气的来源在于对手，或只是转移对手力气的方向。对手之所以失败，是他自己失败的，他是被他自己的力气所击倒。如果对手自始至终保持他的重心和平衡，或者，他根本不来打我，他就不会失败，练太极拳的人，应该不会去主动攻击别人。

世上万事万物，永远在变动之中。太极拳的动作看来似乎缓慢，但永不停顿，没有一刻有空滞的时候。在建筑学上弧形的线条比之直线能负担更大的重量。在太极拳中，速度并不是最重要的事。要旨是永远保持平衡和稳定。练习太极拳，推手的练习十分重要，那是凭敏锐的感觉来捉摸到对手力道中的错误缺失，如果他没有错误缺失，那么就设法造成他的错误缺失。重要的是，自己的每一个行动中都不能有错误缺失。只要他想来打倒我、攻击我，迟早会有弱点暴露出来。保盈持泰，谦受益、满招损，那正是中国人政治哲学、人生哲学的要点。自己立于不败之地，比击败对手重要得多。自己只要不败，那就好得很了，对手败不败，并没有太大关系，他如不好自为之迟早会败的；他如好自为之，那也好得很。

延伸阅读

太极拳充分体现了道家哲学。道家哲学并非纯粹是守势的。老子重欲取先予，"大国者下流"，强大者不是来势汹汹，而是积蓄力量，让对手气衰力竭，然后乘势而取。

练太极拳，练的主要不是拳脚功夫，而是头脑中、心灵中的功夫。如果说"以智胜力"，恐怕还是说得浅了，最高境界的太极拳，甚至不应求发展头脑中的"智"，而是修养一种冲淡平和的人生境界，不是"以柔克刚"，而是根本不求"克"。脑中时时存着一个克制对手的念头，恐怕练不到太极拳的上乘境界，甚至存着一个"练到上乘境界"的念头去练拳，也不能达到这境界。

 思考能力我最强

陈氏太极拳为何风靡世界？

第11课　八段锦

　　八段锦是调身为主的气功功法，练习中侧重肢体运动与呼吸相配合。它是由古代导引术发展而来，文字记载始见于宋代洪迈的《夷坚志》，距今已有800多年的历史。清朝分南北两派，南派附会梁世昌所传，以柔为主，动作简易；北派托名岳飞所传，以刚为主，动作繁难。

　　八段锦由八节动作组成，动作舒展优美，功法柔筋健骨，运动量恰到好处，能够养气壮力，行气活血，调理脏腑，健身祛病。现代研究其改善神经调节功能，加强血液循环，对腹腔内脏有柔和的按摩作用，可激发各系统的功能，纠正机体异常的反应，对许多疾病都有医疗康复作用。因其简单易学，动作完美，无须器械，不受限制，祛病强身，健康养生，老少皆宜，故深受练习者喜爱。

一　功法特点

1. 柔和缓慢，圆活连贯

柔和，是指习练时动作不僵不拘，轻松自如，舒展大方。

缓慢，是指习练时身体重心平稳，虚实分明，轻飘徐缓。

圆活，是指动作路线带有弧形，不起棱角，不直来直往，符合人体各关节自然弯曲的状态。它是以腰脊为轴带动四肢运动，上下相随，节节贯穿。

连贯，是要求动作的虚实变化和姿势的转换衔接，无停顿断续之处。

2.松紧结合，动静相兼

松，是指习练时肌肉、关节以及中枢神经系统、内脏器官的放松。在意识的主动支配下，逐步达到呼吸柔和、心静体松，同时松而不懈，保持正确的姿态，并将这种放松程度不断加深。

紧，是指习练中适当用力，且缓慢进行，主要体现在前一动作的结束与下一动作的开始之前。

动，就是在意念的引导下，动作轻灵活泼、节节贯穿、舒适自然。

静，是指在动作的节分处做到沉稳，神与形合，气寓其中。

二 八段锦口诀

双手托天理三焦，左右开弓似射雕。
调理脾胃须单举，五劳七伤往后瞧。
摇头摆尾去心火，两手攀足固肾腰。
攒拳怒目增气力，背后七颠百病消。

三 动作要点

1.双手托天理三焦

（1）两脚平行开立，与肩同宽。两臂慢慢地分别从身体左右两侧向上高举过头，十指交叉，翻转掌心用力向上做托举的动作，使两臂充分伸展，似伸懒腰状。同时缓缓抬头上观，此时缓缓吸气。

（2）翻转掌心朝下，在身前正落至胸前时，翻转掌心再朝上，稍微低头，眼睛跟着手一起运动，同时缓缓呼气。如此重复4~8次。

此式是四肢、躯干和诸内脏器官的同时性全身运动，胸腔位置提高，增大膈肌运动，改善腹腔和盆腔内脏的血液循环。可以脑清醒神，消食通便，固精补肾，强壮筋骨，缓解疲劳。防治脾胃虚弱、颈椎病、背肌僵硬、腰背痛、眼疾、便秘、痔疮等。

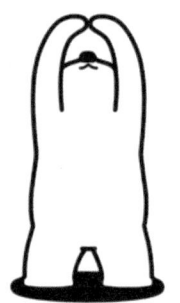 

2.左右开弓似射雕

（1）两脚平行开立，略宽于肩，成马步站式。上体正直，两臂端平屈于胸前，左臂在上，右臂在下。

（2）手握拳，食指与拇指呈八字形撑开，左手缓缓向左平推，左臂展直，同时右臂屈肘向右拉回，右拳停于右肋前，拳心朝上，如拉弓状。眼看左手。然后动作左右相反，如此左右各开弓4~8次。

本式主要是改善胸椎、颈部的血液循环，增强心肺功能。锻炼和增强胸肋部和肩臂部的骨骼肌肉，有助于保持正确姿势，矫正两肩内收、圆背等不良姿势。

3.调理脾胃臂单举

（1）左手自身前成竖掌向上高举，继而翻掌上撑，指尖向右，同时右掌心向下按，指尖朝前。

（2）左手俯掌向上高举时引气血下行，全身随之放松，恢复自然站立。然后动作左右相反。如此左右手交替上举各4~8次。

这一动作主要是使肢体伸展。由于两手交替一手上举一手下按，上下对拔拉长，使两侧内脏和肌肉受到协调性的牵引，特别是使肝胆脾胃等脏器受到牵拉，长期坚持练习可以促进胃肠蠕动，增强消化功能。

4.五劳七伤往后瞧

（1）两脚平行开立，与肩同宽。两臂自然下垂或叉腰。头颈带动脊柱缓缓向左拧转，眼看后方，同时配合吸气。

（2）头颈带动脊柱徐徐向右转，恢复前平视。同时配合呼气，全身放松。然后动作左右相反。如此左右后瞧各4~8次。

该式动作实际上是一项全身性的运动，尤其是腰、头颈、眼球等的运动。改善头颈部的血液循环，解除中枢神经系统疲劳，有利于防治颈椎病、高血压、眼病，五劳（心、肝、脾、肺、肾过劳）七伤（喜、怒、思、忧、悲、恐、惊等情绪过度）对脏腑的损害。

5.摇头摆尾去心火

（1）马步站立，两手叉腰，缓缓呼气后拧腰向左，屈身下俯，将余气缓缓呼出。

（2）动作不停，头自左下方经体前至右下方，像小勺舀水似的引颈前伸，自右侧慢慢将头抬起，同时配以吸气；拧腰向左，身体恢复马步桩，缓缓深长呼气。同时全身放松，呼气末尾，两手同时做节律性拤腰动作数次。然后动作左右相反。交替进行各做4~8次。

此式动作除强调松，以解除紧张并使头脑清醒外，还必须强调静。俗谓：静以制躁，以去"心火"。同时对腰颈关节、韧带和肌肉等也起到一定的作用，并有助于任、督、冲三脉的运行。

6.两手攀足固肾腰

（1）两脚平行开立，与肩同宽，两掌分按脐旁。两掌沿带脉分向后腰。

（2）上体缓缓前倾，两膝保持挺直，同时两掌沿尾骨、大腿向下按摩至脚跟。沿脚外侧按摩至脚内侧。上体展直，同时两手沿两大腿内侧按摩至脐两旁。如此反复俯仰4~8次。

腰是全身运动的关键部位，这一势主要运动腰部，也加强了腹部及各个内脏器官的活动，如肾、肾腺、腹主动脉、下腔静脉等。由于腰的节律性运动(前后俯仰)，改善了脑的血液循环，增强神经系统的调节功能及各个组织脏器的生理功能。长期坚持锻炼，有疏通带脉及任督二脉的作用，能强腰、壮肾、醒脑、明目，并使腰腹肌得到锻炼和加强。

7.攒拳怒目增气力

（1）两脚开立，成马步桩，两手握拳分置腰间，拳心朝上，两眼睁大。

（2）左拳向前方缓缓击出，成立拳或俯拳皆可。击拳时宜微微拧腰向右，左肩随之前顺展拳变掌臂外旋握拳抓回，呈仰拳置于腰间。然后动作左右相反。如此左右交替各击出 4~8 次。

此式动作要求两拳握紧，两脚拇趾用力抓地，舒胸直颈，聚精会神，瞪眼怒目。此式主要运动四肢、腰和眼肌。根据个人体质、爱好、年龄与目的不同，决定练习时用力的大小。其作用是舒畅全身气机，增强肺气。同时使大脑皮层和自主神经兴奋，有利于气血运行，并有增强全身筋骨和肌肉的作用。

8.背后七颠百病消

（1）两脚平行开立，与肩同宽，或两脚相并。

（2）两臂自身侧上举过头，脚跟提起，同时配合吸气。两臂自身前下落，脚跟亦随之下落，并配合呼气。全身放松。如此起落4~8次。

此式由于脚跟有节律地弹性运动，从而使椎骨之间及各个关节韧带得以锻炼，对各段椎骨的疾病和扁平足有防治作用。同时有利于脊髓液的循环和脊髓神经功能的增强，进而加强全身神经的调节作用。

延伸阅读

1.预备式口诀

两足分开平行站，横步要与肩同宽，
头正身直腰松腹，两膝微屈对足尖，
双臂松沉掌下按，手指伸直要自然，
凝神调息垂双目，静默呼吸守丹田。

2.双手托天理三焦口诀

十字交叉小腹前，翻掌向上意托天，
左右分掌拨云式，双手捧抱式还原，
式随气走要缓慢，一呼一吸一周旋，
呼气尽时停片刻，随气而成要自然。

3.左右开弓似射雕口诀

马步下蹲要稳健，双手交叉左胸前，
左推右拉似射箭，左手食指指朝天，
势随腰转换右式，双手交叉右胸前，
右推左拉眼观指，双手收回式还原。

4.调理脾胃须单举口诀

双手重叠掌朝天，右上左下臂捧圆，
右掌旋臂托天去，左掌翻转至脾关，
双掌均沿胃经走，换臂托按一循环，
呼尽吸足勿用力，收式双掌回丹田。

5.五劳七伤往后瞧口诀

双掌捧抱似托盘，翻掌封按臂内旋，
头应随手向左转，引气向下至涌泉，
呼气尽时平松静，双臂收回掌朝天，
继续运转成右式，收式提气回丹田。

6.摇头摆尾去心火口诀

马步扑步可自选，双掌扶于膝上边，
头随呼气宜向左，双目却看右足尖，
吸气还原接右式，摇头斜看左足尖，
如此往返随气练，气不可浮意要专。

7.两手攀足固肾腰口诀

两足横开一步宽，两手平扶小腹前，
平分左右向后转，吸气藏腰撑腰间，
式随气走定深浅，呼气弯腰盘足圆，
手势引导勿用力，松腰收腹守涌泉。

8.攒拳怒目增气力口诀

马步下蹲眼睁圆，双拳束抱在胸前，

拳引内气随腰转，前打后拉两臂旋，

吸气收回呼气放，左右轮换眼看拳，

两拳收回胸前抱，收脚按掌式还原。

9.背后七颠百病消口诀

两腿并立撇足尖，足尖用力足跟悬，

呼气上顶手下按，落足呼气一周天，

如此反复共七遍，全身气走回丹田，

全身放松做颠抖，自然呼吸态怡然。

思考能力我最强

《八段锦》一天练习几遍较合适？适合什么样的人群习练？

第12课 易筋经

《易筋经》就是改变筋骨,通过修炼丹田真气打通全身经络的内功方法。其中"易"是变通、改换、脱换之意,"筋"指筋骨、筋膜,"经"则带有指南、法典之意。

金庸的武侠小说《天龙八部》中,江湖上最向往的是少林寺内功秘籍《易筋经》,一旦练成,内壮神勇、外壮神力,震古烁今,可以将任何平凡的招式化腐朽为神奇,甚至可以达到不拘泥于招式的地步,武功则无以复加。

一 预备式

两腿开立,头端平,口微闭,调呼吸。含胸,直腰,蓄腹,松肩,全身自然放松。

二 《易筋经》十二势

第一势:韦驮献杵

两臂曲肘,徐徐平举至胸前成抱球势,屈腕立掌,指头向上,掌心相对(10厘米左右距离)。此动作要求肩、肘、腕在同一平面上,合呼吸酌情做8~20次。

韦驮献杵　　　　　　　　　横担降魔杵

第二势：横担降魔杵

两足分开，与肩同宽，足掌踏实，两膝微松；两手自胸前徐徐外展，至两侧平举；立掌，掌心向外；吸气时胸部扩张，臂向后挺；呼气时，指尖内翘，掌向外撑。反复进行8~20次。

第三势：掌托天门

两脚开立，足尖着地，足跟提起；双手上举高过头顶，掌心向上，两中指相距3厘米；沉肩曲肘，仰头，目观掌背。舌舐上腭，鼻息调匀。吸气时，两手用暗劲尽力上托，两腿同时用力下蹬；呼气时，全身放松，两掌向前下翻。收势时，两掌变拳，拳背向前，上肢用力将两拳缓缓收至腰部，拳心向上，脚跟着地。反复8~20次。

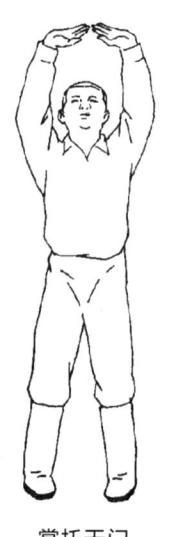
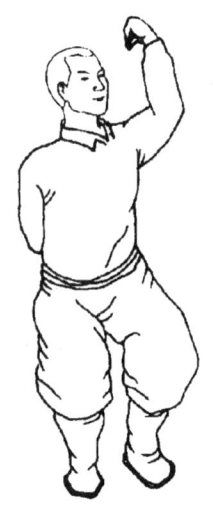

掌托天门　　　　　　　　　摘星换斗势

第四势：摘星换斗势

右脚稍向右前方移步，与左脚形成斜八字，随势向左微侧；屈膝，提右脚跟，身向下沉，右虚步。右手高举伸直，掌心向下，头微右斜，双目仰视右手心；左臂曲肘，自然置于背后。吸气时，头往上顶，双肩后挺；呼气时，全身放松，再左右两侧交换姿势锻炼。连续5~10次。

第五势：倒拽九牛尾势

右脚前跨一步，屈膝成右弓步。右手握拳，举至前上方，双目观拳；左手握拳；左臂屈肘，斜垂于背后。吸气时，两拳紧握内收，右拳收至右肩，左拳垂至背后；呼气时，两拳两臂放松还原为本势预备动作。再身体后转，成左弓步，左右手交替进行。随呼吸反复5~10次。

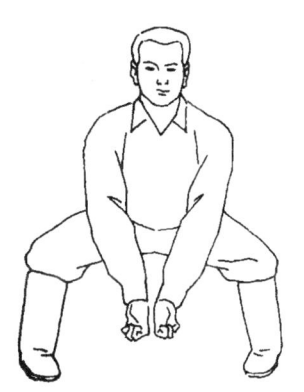 

倒拽九牛尾势　　出爪亮翅势

第六势：出爪亮翅势

两脚开立，两臂前平举，立掌，掌心向前，十指用力分开，虎口相对，两眼怒目平视前方，随势脚跟提起，以两脚尖支持体重。再两掌缓缓分开，上肢成一字样平举，立掌，掌心向外，随势脚跟着地。吸气时，两掌用暗劲伸探，手指向后翘；呼气时，臂掌放松。连续8~12次。

第七势：九鬼拔马刀势

脚尖相衔，足跟分离成八字形；两臂向前成叉掌立于胸前。左手屈肘经下往后，成勾手置于身后，指尖向上；右手由肩上屈肘后伸，拉住左手指，使右手成抱颈状。足趾抓地，身体前倾，如拔刀一样。吸气时，双手用力拉紧，呼气时放松。左右交换。反复5~10次。

九鬼拔马刀势1　　　　　　九鬼拔马刀势2

第八势：三盘落地势

左脚向左横跨一步，屈膝下蹲成马步。上体挺直，两手叉腰，再屈肘翻掌向上，小臂平举如托重物状；稍停片刻，两手翻掌向下，小臂伸直放松，如放下重物状。动作随呼吸进行，吸气时，如托物状；呼气时，如放物状，反复5~10次。收功时，两脚徐徐伸直，左脚收回，两足并拢，成直立状。

三盘落地势1　　　　　　三盘落地势2

第九势：青龙探爪势

两脚开立，两手成仰拳护腰。右手向左前方伸探，五指捏成勾手，上体左转。腰部自左至右转动，右手亦随之自左至右水平划圈，手划至前上方时，上体前倾，同时呼气；划至身体左侧时，上体伸直，同时吸气。左右交换，动作相反。连续5~10次。

第十势：卧虎扑食势

右脚向右跨一大步，屈右膝下蹲，成右弓左仆腿势；上体前倾，双手撑地，头微抬起，目注前下方。吸气时，同时两臂伸直，上体抬高并尽量前探，重心前移；呼气时，同时屈肘，胸部下落，上体后收，重心后移，蓄势待发。如此反复，随呼吸而两臂屈伸，上体起伏，前探后收，如猛虎扑食。动作连续5~10次后，换左弓右仆脚势进行，动作如前。

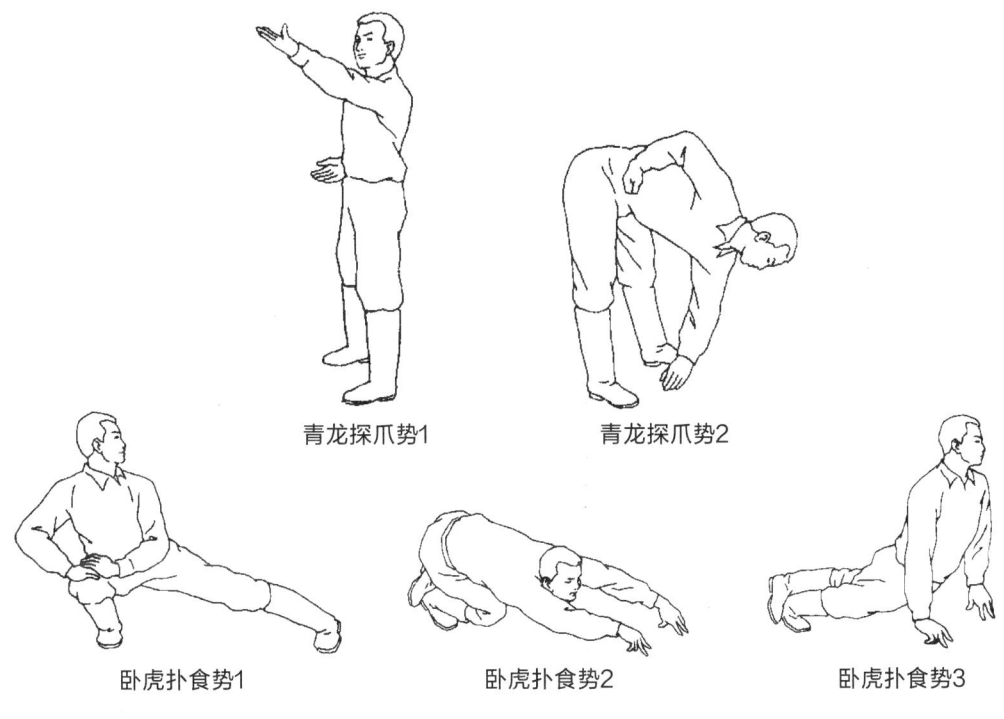

青龙探爪势1　　青龙探爪势2

卧虎扑食势1　　卧虎扑食势2　　卧虎扑食势3

第十一势：打躬势

两脚开立，脚尖内扣。双手仰掌缓缓向左右而上，用力合抱头后部，手指弹敲小脑后片刻。配合呼吸做屈体动作；吸气时，身体挺直，目向前视，头如顶物；呼气时，直膝俯身弯腰，两手用力使头探于膝间做打躬状，勿使脚跟离地。根据体力反复8~20次。

打躬势

第十二势：工尾势

两腿开立，双手仰掌由胸前徐徐上举至头顶，目视掌而移，身立正直，勿挺胸凸腹；十指交叉，旋腕反掌上托，掌以向上，仰身，腰向后弯，目上视；然后上体前屈，双臂下垂，推掌至地，昂首瞪目。呼气时，屈体下弯，脚跟稍微离地；吸气时，上身立起，脚跟着地；如此反复21次。收功：直立，两臂左右侧举，屈伸7次。

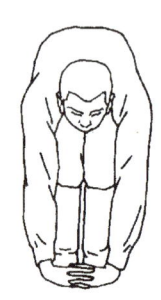

工尾势1　　　　　　工尾势2

 习练要求

1.精神放松，形意合一

习练本功法要求精神放松，意识平静，不做任何附加的意念引导。通常不意守身体某个点或部位，而是要求意随形体动作的运动而变化。要求意随形走，用意要轻，似有似无，切忌刻意、执着于意识。

2.呼吸自然，贯穿始终

习练本功法时，要求呼吸自然、柔和、流畅，不喘不滞，以利于身心放松、心平气和及身体的协调运动。习练本功法时，应配合动作，随胸廓的扩张或缩小而自然吸气或呼气。

3.刚柔相济，虚实相兼

本功法动作有刚有柔，且刚与柔是在不断相互转化的；有张有弛，有沉有轻，是阴阳对立统一的辩证关系。习练动作不能绝对地刚或柔，应做到刚与柔、虚与实的协调配合，即刚中含柔、柔中寓刚。

否则，用力过"刚"，则会出现拙力、僵力，以致影响呼吸，破坏宁静的心境；动作"柔"，则会出现疲软、松懈，起不到良好的健身作用。

4.循序渐进，个别动作配合发音

习练本功法时，不同年龄、不同体质、不同健康状况、不同身体条件的练习者，可以根据自己的实际情况，灵活地选择各种动作的活动幅度或姿势。

当今电子产品、智能手机的普及，人们久坐少动、错误的阅读姿势、不良生活方式等，使脊背活动过少或劳损过度，降低了脊柱的稳定性和平衡能力，致使脊柱及相关性疾病日趋攀升，会出现头晕、头疼、颈椎疼、腰疼、肩疼、驼背、脊柱侧屈等，而习练《易筋经》是一个较好的选择。

延伸阅读

习练要求

其所言易筋者，易之为言大矣哉。易者，乃阴阳之道也。易即变化之易也。易之变化，虽存乎阴阳，而阴阳之变化，实存乎人。弄壶中之日月，搏掌上之阴阳。故二竖系之在人，无不可易。所以为虚、为实者易之，为刚、为柔者易之，为静、为动者易之。高下者易其升降，后先者易其缓急，顺逆者易其往来，危者易之安，乱者易之治，祸者易之福，亡者易之存，气数者可以易之挽回，天地者可以易之反覆，何莫非易之功也。至若人身之筋骨，岂不可以易之哉。

然筋，人身之经络也。骨节之外，肌肉之内，四肢百骸，无处非筋，无经非络，联络周身，通行血脉，而为精

神之外辅。如人肩之能负，手之能摄，足之能履，通身之活泼灵动者，皆筋之挺然者也。岂可容其弛、挛、靡、弱哉。而病、瘦、痿、懈者，又宁许其入道乎。佛祖以挽回斡旋之法，俾筋挛者易之以舒，筋弱者易之以强，筋弛者易之以和，筋缩者易之以长，筋靡者易之以壮。即绵泥之身，可以立成铁石，何莫非易之功也。身之利也，圣之基也，此其一端耳。故阴阳为人握也，而阴阳不得自为阴阳。人各成其人，而人勿为阴阳所罗。以血气之驱，而易为金石之体。内无障，外无碍，始可入得定去，出得定来。然此着功夫，亦非细故也。而功有渐次，法有内外，气有运用，行有起止，至药物器制，节候岁月，饮食起居，始终各有征验。入斯门者，宜先办信心，次立虔心，奋勇坚往，精进如法，行持而不懈，自无不立跻圣域矣。

般剌密谛曰，此篇就达摩大师本意，言易筋之大概。
（《易筋经》节选）

思考能力我最强

《易筋经》一天练习几遍较为合适？适合什么样的人群习练？

情绪与健康

第四单元

第13课 范进中举喜极而狂

通过《儒林外史》中"范进中举"这个讽刺故事,侧面反映了当时人们对于中医情志病的认识,以及五行生克理论在情志病治疗里的应用。

《儒林外史》是中国古典文学杰出的现实主义长篇讽刺小说,主要描写封建社会后期知识分子及官绅的活动和精神面貌。被胡适誉为清代安徽第一大文豪的作者吴敬梓如同古代文人兼通医学一样,不仅是文学家,而且还通晓医学,其《儒林外史》中涉及许多中医药知识,如范进中举这个故事中就体现了中医心理疗法。

一 范进中举,喜极而狂

《儒林外史》第3回"周学道校士拔真才,胡屠户行凶闹捷报"载录范进中举的故事:20余年屡试不第的范进,在乡里备受欺辱,没人看得起他,穷困潦倒,甚至连母亲都饿得要卖掉家中产蛋的母鸡来换米面。范进在50多岁时得中举人,喜极而狂,一边拍手,一边口里高叫"中了,中了",一跤跌在池塘里,挣扎起来,两手黄泥,一身湿淋淋的,披头散发,鞋也丢

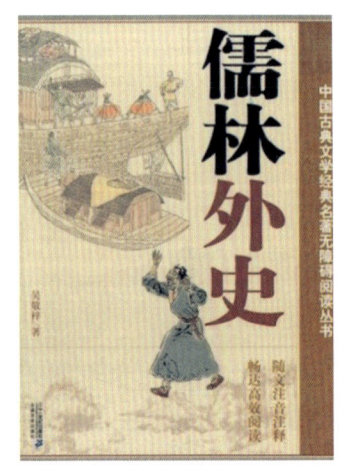

《儒林外史》

了一只，仍不停地拍掌，高喊"中了！中了！"。

在家人悲伤和邻里的惋惜声中，一个报喜官差出主意，"他只因欢喜狠了，痰涌上来，迷了心窍"。找一个他平素最害怕的人抽他一记耳光，并对他说他不曾中，就能治好他的疯病。于是人们找来范进最怕的老丈人胡屠户，他抖着胆子打了"文曲星"一个嘴巴，还真的让女婿范进吐出了大口的痰，终于清醒过来。

范进由于喜出望外而疯，乐极生悲。从五行相克可以看到，恐胜喜，也就是肾水克心火（受到极度惊吓的人会小便失禁，"恐则气下"，故而恐和肾之间的关系不难理解）。只有令他丈人（他最怕的人）打他嘴巴，并说他中举是假的（他最怕的事情），才能令他产生恐惧的效果，达到"恐胜喜"。光是抽他嘴巴，不但不会产生令他恐惧的效果，还会激怒他，按五行相生的关系，肝木生心火，不但抑制不了因喜悦产生的疯，还会使疯加剧。

二 喜极致病，以恐相胜

《素问·阴阳应象大论》记载："人有五脏化五气，以生喜怒悲忧恐。"怒、喜、思、忧、恐被称为"五志"，五志与五脏有着密切的联系。清代吴谦的《医宗金鉴·杂病心法要诀》中总结道："心藏神兮脾意志，肺魄肝魂肾志精。气和志达生喜笑，气暴志愤恚怒生。忧思系心不解散，悲哭哀苦凄然情。内生惧恐求人伴，外触骇然响动惊。"历代医家根据情志致病、以情胜情的方法治好了许多精神情志疾病，而应用恐胜喜原理所治的医案也不少，举例如下。

1.乡试高中，过喜发狂案

晚清时期深受李鸿章赏识的学者陆以□，进士出身，曾为杭州教授。他学识渊博，儒医兼通，不仅邃于学，且还精于医，浏览了大量经、史、子、集及医学文献，采录其中医学精要编成《冷庐医话》，其卷二也记录了一举子举于乡，喜极发狂而大笑不止的案例，被江苏高邮名医袁体庵用情志相胜疗法所治愈。

清代江南一书生在乡试中高中榜魁，过喜而发狂，大笑不止。名医袁体庵就诊，佯称其病不可治，告之逾十日将亡。并吩咐他速回家，路过镇江时再找一位姓何的医生，或许能起死回生。书生被一吓，果然病愈，但又因此郁郁寡欢往回走。至镇江，何医生把袁体庵早已送来的书信给书生看，并解释其中的缘由，于是书生经开释，病痊愈。

《冷庐医话》

本案与范进中举案例均为科举考试高中后喜极生悲的极端案例，应用药物难以治愈，因此都采用了恐（水）克/胜喜（火）的情志相胜方法而治愈。

2.因喜成病，悲能胜喜案

明代著名医家王机（字石山）所著《石山医案》记录一个因过喜致病，用情志疗法治愈的案例。一人因喜成病，邀请一庄姓医生诊治，庄医切脉后，并为之失声，情绪表现异常，便假装给病家说，我回诊所取药，你们等着吧。然

《石山医案》

而却一连数日也不去病家，更忘记了取药之事。病者感觉其病甚重，治疗无望，难以痊愈，于是悲从心来，忍不住哭泣，并告诉家人为其准备后事……庄医虽然未去病家，但一直掌握其病情变化，知道病人即将痊愈，便去安慰之，病遂愈。病家问起为何用这种方法治疗，庄医引用《素问》中"惧胜喜"释之，可谓得玄关者也。这就是我们平常所说的心病用心医的道理。（明·王机《石山医案·喜》）

三 情志疗法治病原理

《儒林外史》中范进中举这种治疗喜极而疯的方法，其实是有中医理论支撑的。范进得的这种病在中医中称为情志病，其治疗就是依靠五行相生相克的。情志致病首伤心神，影响脏腑气机，《素问·举痛论》说："……百病生于气也，怒则气上，喜则气缓，悲则气消，恐则气下……惊则气乱……思则气结。"中医认为，情绪可以改变一个人的生理状态（即气的状态），无论是哪种情绪，正面的还是负面的，都会对身体产生影响（改变气机），所以任何情绪都要有所节制，否则就会伤身体。

多年考试未中的范进，常年被欺负，心中压抑、抑郁，加之家境贫寒，脾胃虚弱，等到中了举人，登时鲤鱼跃龙门，大喜之下，整个人的精神状态发生翻天覆地的变化。《素问·阴阳应象大论》说："喜伤心"，大喜之下，心气涣散。心主神明，即主管我们的精神、思维活动。平时肝气郁结、脾胃虚弱所产生的痰气，也就随着心气大伤而蒙蔽了神志，使范进产生了疯病。

五行相生相克是我们的祖先认识世界和处理问题的重要依据，也是中医治病诊病的一个非常重要的法门。书中所谈到的情志病有关的脏器和情绪有：木—肝—怒，火—心—喜，土—脾—思，金—肺—忧，水—肾、恐。中医治疗情志病主要从五志相克入手：恐胜喜，喜胜忧，忧胜怒，怒胜思，思胜恐。情志过激因素可以导致疾病，然而巧妙地运用中医五志相克理论反其道而行之，能够治愈很多情志疾病，这是中医的一大特色。然而禁止情志过激，才是防止情志疾病发生的无上法宝。因此，我们遵循《黄帝内经》提倡的"以恬淡为务，以自得为功"，心平气和，自我满足，才能情绪稳定，避免情志疾病，保持身体健康。

延伸阅读

明末高邮袁体庵,神医也。有举子举于乡,喜极发狂,笑不止,求体庵诊之,惊曰:疾不可为矣,不以旬数矣!宜急归,迟恐不及矣。道过镇江,必更求何氏诊之。遂以一书寄何。其人至镇江而疾已愈。以书致何,何以书示之曰:某公喜极而狂,喜则心窍开张,不可复合,非药石之所能治,故以危言惧之以死,令其忧愁抑郁,则心窍闭,至镇江当已愈矣。其人乃北向再拜而去。(清·陆以湉《冷庐医话·卷二·今书》)

思考能力我最强

过喜为何能够导致疾病?

第14课 周瑜因气英年早逝

诸葛亮三气周瑜是《三国演义》最精彩的故事之一，涉及第51回"曹仁大战东吴兵，孔明一气周公瑾"；第55回"玄德智激孙夫人，孔明二气周公瑾"；第56回"曹操大宴铜雀台，孔明三气周公瑾"。东吴名将周瑜气宇轩昂，雄姿英发，然而气傲妒才，心狭易怒。而老谋深算的诸葛亮就利用周瑜这个致命的性格缺陷，使得年轻气盛的他吐血而亡。

《三国演义》电视剧剧照

一　诸葛三气周瑜，英年早逝伤悲

1. 一气周瑜，一举两得夺南郡

赤壁之战之后，周瑜和诸葛亮约定让周瑜先攻南郡，诸葛亮后攻。结果周瑜费尽心思攻下时，却发现南郡已经被诸葛亮趁他不备占领了。既没有违约，又夺取了地盘。

2. 二气周瑜，赔人折兵气吐血

刘备夫人死后，周瑜设计让孙权把自己妹妹孙尚香许配刘备，并密谋在迎娶时将其除掉，不料被诸葛亮识破，且使计使刘备安然回到了荆州，并且让周瑜中了埋伏，还叫士兵高唱"周郎妙计安天下，赔了夫人又折兵"，嘲讽让周瑜气得吐血。

3.三气周瑜，荆州未取怒身亡

刘备借得荆州，图谋发展壮大，然东吴怕养虎为患，屡屡催还，但刘备以攻取西川后归还为由拒绝东吴要求，却又迟迟不攻。此举令周瑜气急败坏，便欲用"借途灭虢"之计，假意想取汉中，借道荆州，欲趁刘备等人出来迎接时一举擒获，夺回荆州。但被诸葛亮识破，使得吴军被围，周瑜气急又加之旧伤复发，最终留下"既生瑜何生亮"的千古感叹而不治身亡。

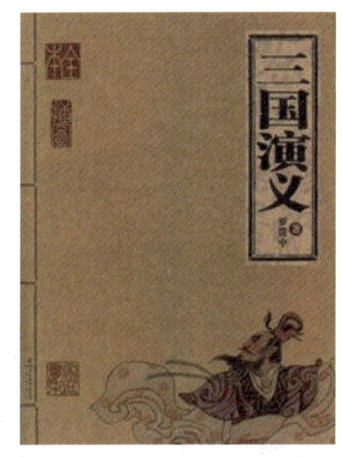

《三国演义》

诸葛亮文韬武略，足智多谋，医学知识也极为丰富，尤其是对于喜怒忧思悲恐惊这些情志变化娴熟于心，因此利用精神情志手段打败了周瑜，这也是用在军事上的范例。三气周瑜，使其大怒伤肝，肝木反克肺金，肝侮肺，咯血而亡。研究表明，人在大怒时，大脑神经高度紧张，气促胸闷，咬牙切齿，胃部痉挛，甚至昏厥。其实早在《黄帝内经》中就对怒有了深刻的认识，《素问·阴阳应象大论》记载："天有四时五行，以生长收藏，以生寒暑燥湿风，人有五藏，化五气，以生喜怒悲忧恐。"《素问·调经论》提出："喜怒不节则伤脏。"《素问·经脉别论》曰："生病起于过用。"因而暴喜伤心，暴怒伤肝，暴恐伤肾，过哀伤肺，过思伤脾。

中医认为大怒伤肝，肝气疏泄太过，气机上逆，甚则血随气逆，并走于上，或肝气横逆，可导致多种病变，如头胀头痛，面红目赤，呕血，甚则昏厥猝倒或死亡，或见胸闷不适、胁肋胀痛、腹痛、腹泻等。故《素问·生气通天论》曰："大怒则形气绝，而血苑于上，使人薄厥。"《素问·举痛论》曰："怒则气逆，甚则呕血及飧泄。"《素问·调经论》记载："血之与气并走于上，则为大厥，厥则暴死，气复反（返）则生，不反则死。"

"七情伤人，唯怒为甚。"因此，调节情志或情志变化，防止喜怒忧思悲恐惊太过，尤其是大怒更为重要。

二 利用情志相胜，用怒治疗疾病

情志过激既能成为致病的因素，反过来也能成为治病的方法。根据中医理论情志之间的互相制约关系，以一种情志克制另一种过激情志的方法，就叫做情志相胜疗法，即怒胜思、思胜恐、恐胜喜、喜胜忧、悲胜怒。倘若周瑜当时能悟己之才短，运用悲(金)克怒(木)情志治病方法，退一步卧薪尝胆，也许三国历史则要改写。而中医用怒能胜思的方法治疗许多思虑过度所导致的疾病，举例如下。

1.以喜制怒医案

名医张子和治项关令之妻，病不欲食，常好呼叫怒骂，欲杀左右，恶言不辍，众医皆处药、几半载尚尔。其夫命戴人视之，戴人曰，此难以药治。乃使二妇各涂丹粉，作伶人状，其妇大笑。次日，又令作角觝，又大笑。其旁常以两个能食之妇夸其食美，其妇亦索其食，而为一尝之。不数日，怒减食增，不药而瘳，后得一子。（金·张子和《儒门事亲·卷七·内伤形·病怒不食一百一》）

《儒门事亲》

2.以怒胜思治不寐医案

名医张子和治一富家妇人，因思虑过度，失眠两年。张氏诊脉两手脉俱缓，认为是思虑过度伤脾所致，用药难以治愈，于是采用怒能胜思激怒患者的情志相胜疗法。住在病家数日，好酒好饭招待，而不用药治疗，最后还拿了一大笔诊费就离开了。妇人大怒，痛骂丈夫找来庸医，随即出了很多汗，当天晚上就能睡觉，并且一连睡了八九天，醒后饮食、脉搏恢复正常，不药而愈。

3.以怒胜思治相思医案

名医汪石山治一女婚后夫经商二年不归，不食，少言少语，如痴，多向床里坐。汪氏认为这是忧思气结所导致的，用药难以治愈，遇到喜事可解。如果难以实施，那么就要采用以怒胜思的方法进行治疗。通过讽刺挖苦，又斥其有婚外情，使其发怒，病人果然大怒，大哭三个时辰，病解而愈，并服药一剂，即能饮食。但是若要巩固疗效，需要其夫回来探家方可，后果然。

4.以怒胜思解郁证医案

名医郑重光治吴敦吉翁，年逾五十，己未年大旱，河水干涸，盐运维艰，因此思虑过度，遂倦怠懒言，默默独坐，不欲见人。然神思内清，有问必答，并非昏愦，乃情志之病也。医有以痰治者，有以育神养心治者，予亦参治其间，皆不效。渐致终日昏睡不起，将黄昏，则自起盥洗食粥，夜分食饮，五鼓饮酒，与侍者如常谈笑，将天明则脱衣而卧，日间强扶掖而起，终不肯坐。如斯年余，绝不服药，药亦不效。予曰：虽阳虚之嗜卧，实思虑之伤脾，因七情致病。须情志以胜之，非药可治。如华佗之治魏守，激其大怒，可霍然而起。此因思致病，须怒以胜之。其时以余言为虞，乃未几有人隔屏愤争，触其大怒，披衣而起，与彼辩论，大声疾呼。次日天明，即霍然而起矣。隔数日步行枉谢。余问曰：去年令公郎激翁怒，犹记忆否。答以其时欲怒而不能也。嗣后则动履竟复旧矣。

延伸阅读

一富家妇人，伤思虑过甚，二年不寐，无药可疗，其夫求戴人治之。戴人曰：两手脉俱缓，此脾受之也，脾主思故也。乃与其夫，以怒而激之。多取其财，饮酒数日，不处一法而去，其人大怒汗出，是夜困眠。如此者，八九日不寤。自是而食进，脉得其平。（金·张子和《儒门事亲·卷七·内伤形·不寐一百二》）

思考能力我最强

人为何要发怒？大怒有什么严重危害？

第15课 多愁善感林黛玉

通过剖析《红楼梦》中林黛玉悲情情志以及香消玉殒的缘由,揭示了情志与病症之间的紧密联系和重要影响,也呈现出古代中医对情志致病的认识与治疗策略。

侬今葬花人笑痴,他年葬侬知是谁?……一曲《葬花吟》淋漓尽致地描述了林黛玉由落花联想到自己的身世,惺惺相惜,每遇花落便用锦袋收集,然后亲自荷锄埋葬,因此常受他人的嘲笑。花儿死后有我呵护,我林黛玉呢?又有谁会爱怜!大有知音难觅之恨!

《红楼梦》涉及林黛玉内容比较多,代表性的如第28回、83回等。

一 只念人生多愁苦,谁知愁苦误殒身

林黛玉先天禀赋不足,从小与药炉为伍,常年都要吃药。除此之外,林黛玉的后天调护亦为欠缺,她终日咳嗽,耗散阴血,忧郁悲哀。先天禀赋不足,又加后天调护失养,造成了她容易多愁善感的体质。体质是情志产生的内在基础。若人体脏腑功能失调,血脉瘀

《红楼梦》电视剧剧照

滞，精气亏虚，体质虚弱，则会影响精神情志活动的正常，导致相应的情志异常变化。黛玉这种体质促使她性格多疑，性情怪诞。同时，情志是影响体质和疾病的重要因素。林黛玉的父母相继去世，致使她完全处于一种寄人篱下的孤独处境，加上贾府错综复杂的人际关系，虚伪丑恶的人性，使得她本能地去厌恶。这种生活的落差感导致她与贾府环境格格不入，可她又无力反抗，只能遵从母亲的教导"步步留心，时时在意，不要多说一句话，不可多行一步路，恐被人耻笑了去"。

《红楼梦》

长期处于心理压抑状态又无人倾诉，这必然会导致疾病的恶化。长年累月被疾病缠身，对她造成了巨大的阴影，投射到生活的方方面面，葬花感慨，迎风洒泪，甚至自知这种病是不能好的了。这种极其负面的情绪致使疾病困扰了她的一生。在《红楼梦》第83回中，王太医诊察病因"六脉皆弦，因平日郁结所致"，由此可见，情志的过度刺激会成为致病因素。甚至林黛玉的死，也是由于宝玉与宝钗结婚，使她对爱情完全绝望，精神受到重大打击，导致病情恶化而造成的。

《红楼梦》中情志致病的例子应该引起我们的注意，这些病例深刻地论证了情志对疾病发展的重要影响。情志与病症有着紧密的联系，情志过激会致病，疾病也会导致情志不畅。因此，保持中庸之道，注重修身养性，重视情志调节，保持气机顺畅，如此方能精神内守，阴阳平衡，最终达到安身全命的目的。

二 情志可相胜，移性能全神

中医认为，情志之病属郁证者多。郁证是由于情志不舒、气机郁滞所致，以心情抑郁、情绪不宁、胸部满闷、两肋胀痛或易怒喜哭，或咽中如有异物梗塞等症为主要临床表现的一类病症。早在《黄帝内经》中就有关于郁症的论述。东汉张仲景在《金匮要略》中指出，郁症多发于女性。元朝医学家朱丹溪提出"气血火食湿痰六郁"之说。明朝医学家张景岳则提出"因郁而病"和"因病而郁"的看法。清朝医学家叶天士更进一步认识到了精神治疗的作用，认为"郁症全在病者能移情易性"。现代中医普遍认为，郁症的主要病因为情志所伤，郁怒、多虑、悲伤、忧愁等情志所伤，或伤及于肝，或伤及于脾，或伤及于心而发病，这是发病的外因，其内因为气机郁滞。

1.情志相胜疗法

这是利用情志之间以及情志与五脏之间相互影响相互制约的关系，有意识地采用一种正常情志活动来战胜、控制或消除另一种过激情志刺激引起的疾病，从而治愈心理疾病的方法。中医经典古籍《黄帝内经·素问·五运行大论》中记载："怒伤肝，悲胜怒；喜伤心，恐胜喜；思伤脾，怒胜思；忧伤肺，喜胜忧；恐伤肾，思胜恐。"即愤怒是一种阳性的情绪变动，可以克制因忧愁不解而意志消沉、惊恐太过而胆虚气怯等阴性情绪变化所致的疾病。

中医根据情志相胜"悲胜怒，恐胜喜，怒胜思，喜胜忧，思胜恐"原理，反其道用来治疗情志疾病，取得了显著的效果，不药而愈。

例如，河南名医张子和治疗息城司侯因惊闻父亲被贼寇所杀，大哭不止，悲伤过度而致心痛，日增不已，月余积而成块于心下，大如覆杯，且大痛不止，屡经用药不效。有人建议用针灸治疗，遭到拒绝。乃求救于张子和，张氏详问病情，四诊合参，"因忧结块"诊断为积聚，根据喜胜悲，喜则百脉舒和的原则，假借巫者的惯技，杂以狂言以谑，引得病人大笑不止，一两日而心下结散，达到不药而瘥之效。

2.移情易性

移情易性是指通过各种手段来分散患者注意力或排除其内心的杂念，改变错误的认识从而达到治疗的目的。移情易性，不仅适用于许多疾病的治疗，对许多日常生活中所求不得、所欲不能而陷入苦闷的人，也是一种良好的解脱办法。《红楼梦》中贾瑞垂死病中时，一道士赠予的"风月宝鉴"镜背面是一个骷髅，此专治邪思妄动之症，排除内心淫念。这也是移情易性的一种运用。由此可见，移情易性可以转移或分散不良情绪，重新主动调整机体状态，是保持内心平和的一种方法。

延伸阅读

息城司侯，闻父死于贼，乃大悲哭之。罢，便觉心痛，日增不已，月余成块，状若覆杯，大痛不住，药皆无功。议用燔针炷艾，病人恶之，乃求于戴人。戴人至，适巫者在其傍，乃学巫者，杂以狂言以谑病者，至是大笑，不忍回，面向壁。一二日，心下结块皆散。戴人曰：《内经》言忧则气结，喜则百脉舒和。又云：喜胜悲。《内经》自有此法治之，不知何用针灸哉？适足增其痛耳！
（《儒门事亲·卷七·内伤形·因忧结块一百》）

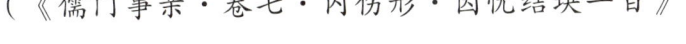

思考能力我最强

人为何要忧愁？如何解忧愁？

第16课　张子和妙用惊吓愈奇疴

通过金元名医张子和妙用惊吓治疗卫氏妻受惊晕厥的案例，揭示了中医对心身疾病的致病机制和诊治经验的深刻认知，也反映了古代中医对心理治疗的重视，以及中国文化所蕴含的丰富而独特的心理学和心理治疗思想。

中国文化中蕴含着丰富而独特的心理学和心理治疗思想。这些心理学知识和心理治疗思想在日常生活中被人们广泛应用，《儒林外史》中"范进中举"的故事便是一个典型的例证。"范进中举"中，人们利用范进平日害怕老丈人胡屠户的情结，让胡屠户打范进的嘴巴来治疗他喜极而疯的病情，范进在被胡屠户打嘴巴之后果然恢复了正常。虽然故事重在讽刺醉心功名的范进和庸俗势利的胡屠户，但是这种用"惊恐"来治疗"过喜"的方法从另一个侧面也反映出中国古人对心理学的深刻认知以及巧妙运用。除这种日常灵活应用之外，中医学早在秦汉之际就开始总结心理学相关的知识及使用经验，经过长时间的积淀，逐渐形成一套有关心理方面的治疗方法。

一　张子和妙用惊吓愈奇疴

中医心理治疗的主要方法包括中医情志疗法、中医认知疗法和中医行为疗法。其中，中医情志疗法是中医独创的心理疗法，中医认知疗法和中医行为疗法与现代心理治疗有相同之处。"范进中举"的故事便是活用了中医情志疗法中的"情志相胜法"，即"恐胜喜"，用范进恐惧胡屠户打嘴巴来治疗范进的疯病。除了情志疗法之外，中医行为疗法也有不少精彩的治疗案例及精辟论述，与现代西方行为疗法有不谋而合之处。

金元名医张子和深入研究情志疾病的病因、发病机理，提出以情胜情的治疗大法，对后世中医心理学产生了很大的影响。其传世医书《儒门事亲》中记载了一则妙用惊吓治病的医案。

故事发生在金元时期，主角是一个名叫卫德新的妻子（因古代社会中女子地位卑微，因此医案中只记载了她丈夫的姓名，未收录她的名姓，故下文统称"卫氏妻"）。有一次卫氏妻外出旅行，晚上在旅店住宿。夜间遇到强盗来旅店抢劫和杀掠，卫氏妻受到了很大的惊吓。她内心极度恐惧、害怕，竟然从床榻上掉到了地上，并出现晕厥。自此以后，这位妇人虽然脱离了险境，却留下了一个病根，凡听到大的声响，就又会出现受惊过度而晕倒在地的病症。因为卫氏妻这种特殊的病症，她的家人在生活中也必须十分注意，做什么事情都需要蹑手蹑脚、谨言慎行，谁都不敢发出大的响动，生怕吓得卫氏妻再次晕倒过去。

卫氏妻的这种病情持续了一年多时间，却依然看不到好转的迹象，于是向名医张子和求助。张子和仔细查看了患者的病情，聆听了患病的缘由以及详细过程，胸有成竹地开始了他的治疗。

张子和命令两个侍女，紧抓卫氏妻的手臂，扶其坐到一把椅子上，并在其面前摆放一个小茶几。张子和先让这位妻子向下盯着小茶几，然后突然用一块木头用力敲打茶几。木头敲打茶几时发出了巨大的声响，卫氏妻听到这种响动之后很是惊恐，但是因为有侍女在两旁扶持，所以没有出现摔倒晕厥的情况。张子和看到患者并未出现严重的晕厥，心中大喜，就继续用话语在一旁与她交谈，告诉她这只是用木头击打茶几而已，没什么可害怕的。通过交谈，张子和安抚了卫氏妻过于激动的情绪，并使用场景分析使她明白当下的处境很安全，没有过往那些危险存在。经过张子和的循循劝导，卫氏妻逐渐恢复了镇定，从刺激中缓和了过来。

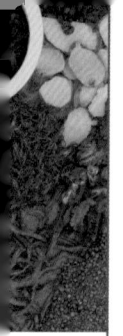

看到卫氏妻的精神已经能够承受如此大的响动，张子和一鼓作气，继续使用木头敲打茶几。神奇的一幕发生了，卫氏妻对这种声响，虽然亦感不适，但已经明显好了很多，也不似从前那般惊恐，人反而显得安定了起来。

看到这些变化，张子和心中感到胜券在握，让侍从继续用木头猛然敲打屋子的其他地方，如窗户、门板之类。虽然每次敲击的声响越来越剧烈，但是卫氏妻的神情却越来越安定。经过这一系列的治疗之后，这位妇人好似从中醒悟到了什么，突然开怀大笑，爽朗的笑声逐渐吹散了压抑在她心间的阴霾，人也好似重生一般，恢复了往日的神采。最后，卫氏妻笑着问名医张子和这是何种治疗方法，张子和深入浅出地阐释了治疗机理。

原来名医张子和的这种治疗方法其灵感来源于古医籍《黄帝内经》，其中就提到了"惊者平之"。张子和认为受到惊吓之人的心神是浮散的，因此治疗的时候，首先需要让患者向下看，这样可以帮助患者收敛心神。治疗过程中，张子和让卫氏妻坐在椅子上向下看茶几便是这般道理。另外，受到惊吓的人是因为机体突然遭受强烈的刺激，超出人体正常耐受范围，因此患者会出现一些心理和身体方面过激的表现。针对这种情况，张子和认为，如果让患者逐渐习惯这种刺激，常常接触这种刺激，就能够让患者习以为常，不再惊恐，即"平常见之必无惊"。治疗中，张子和先用木头敲击茶几，让卫氏妻熟悉这种响动，待患者能够逐渐耐受这种刺激之后再不断加大刺激，敲打屋子里的其他东西，最后即使在卫氏妻睡着之后随便敲打东西，甚至打雷，她也不再惊醒，由此彻底治愈疾病。这便是张子和对《黄帝内经》中"惊者平之"的理解和巧妙运用。

名医张子和治疗卫氏妻所使用的方法被后世归纳为习见习闻法，现在依旧活用于临床。

二 疗法名虽异，中西本汇通

中医行为疗法中的习见习闻法是通过反复练习，使受惊敏感的患者对刺激逐渐习惯而恢复常态的心理疗法。习见习闻法与现代行为治疗中的系统脱敏法相似。系统脱敏法是指把一个可引起微弱焦虑的刺激暴露在处于全身松弛状态下的患者面前，使该刺激逐渐失去引起焦虑的作用。《素问·至真要大论》中提到"惊者平之"，张子和治疗受惊患者的案例就是使用系统脱敏法的典型例子。案例中张子和从敲击茶几，到敲击门和窗，再到随意敲打，就是按刺激等级从弱到强、循序渐进达到脱敏效果。患者从开始时"大惊"到习惯了不再对木棒猛击茶几的声音感到恐惧，就是让这个刺激失去了引起焦虑的作用，患者逐步适应了原来可引起极大焦虑的刺激，治疗取得成功。

中医行为疗法的习见习闻法在治疗原理上与现代行为疗法的系统脱敏法相同，只是操作程序不够具体，刺激等级的划分和步骤的施行没有形成固定的模式和方法。尽管如此，中医行为疗法中治疗者运用习见习闻法成功治愈患者是在个人实践经验基础上的创新和开拓。这种"依病施治"的治疗理念既凸显出中医辨证论治的精神，也彰显出中华文化中浓厚的人文关怀及人文素养。

延伸阅读

卫德新之妻，旅中宿于楼上，夜值盗劫人烧舍，惊坠床下，自后每闻有响，则惊倒不知人。家人辈蹑足而行，莫敢冒触有声，岁余不痊。诸医作心病治之，人参、珍珠及定志丸，皆无效。戴人见而断之曰：惊者为阳，从外入也；恐者为阴，从内出。惊者，为自不知故也；恐者，自知也。足少阳胆经属肝木，胆者，敢也，惊怕则胆伤矣。乃命二侍女执其两手，按高椅之上，当面前下置一小几。

戴人曰：娘子当视此。一木猛击之，其妇大惊。戴人曰：我以木击几，何以惊乎？伺少定击之，惊也缓。又斯须，连击三五次，又以杖击门，又暗遣人划背后之窗，徐徐惊定而笑曰：是何治法？戴人曰：《内经》云：惊者平之。平者，常也。平常见之必无惊。是夜使人击其门窗，自夕达曙。夫惊者，神上越也。从下击几，使之下视，所以收神也。一二日。虽闻雷亦不惊。德新素不喜戴人，至是终身厌服（厌服，即倾心佩服。厌，顺服。编者注），如有人言戴人不知医者，执戈以逐之。（《儒门事亲·卷七·内伤形·惊一百三》）

思考能力我最强

张子和如何运用情志相胜疗法治疗情志病？